秘境不丹

多杰·旺姆·旺楚克／著
熊蕾／译
张超音 王心阳／摄影

五洲传播出版社

图书在版编目（CIP）数据

秘境不丹 /（不丹）多杰·旺姆·旺楚克著；熊蕾译.—北京：五洲传播出版社，2018.11
ISBN 978-7-5085-4052-8

I. ①秘… II. ①多… ②熊… III. ①不丹－概况 IV. ①K935.7

中国版本图书馆CIP数据核字(2018)第242922号

秘境不丹

著　　者：多杰·旺姆·旺楚克
译　　者：熊　蕾
摄　　影：张超音　王心阳
出 版 人：荆孝敏
责任编辑：樊程旭
策　　划：王心阳 / 锐捷浩思国际文化
装帧设计：北京本一缘文化传播有限公司
出版发行：五洲传播出版社
地　　址：北京市海淀区北三环中路31号生产力大楼B座6层
邮　　编：100088
发行电话：010-82005927，010-82007837
网　　址：http://www.cicc.org.cn，http://www.thatsbooks.com
印　　刷：北京市房山腾龙印刷厂
版　　次：2019年1月第1版第1次印刷
开　　本：1/32
印　　张：9.5
字　　数：250千字
印　　数：1-7000册
定　　价：58.00元

目 录

11　　前　言
13　　国土和人民
31　　历　史
40　　君主政体
42　　现代不丹
49　　关于本书

53　　**第一部分　与不丹一起成长**
56　　第一章　宝藏山上的村庄
68　　第二章　年度仪典与节庆
80　　第三章　马背上的旅途
98　　第四章　成为圣地的房子

111　　**第二部分　我们这样生活**
114　　第五章　圣域的风景
131　　第六章　顿芒的温泉
143　　第七章　"我曾来过此地"
157　　第八章　宗堡和佛塔

185　　**第三部分　人民和地域**
188　　第九章　去帕罗朝圣
203　　第十章　隐迹的天堂
216　　第十一章　拉雅！
235　　第十二章　天湖
255　　第十三章　蕃巴人的河谷
273　　第十四章　着火的牛角和其他片段

300　　后　记

前　言

　　外部世界对不丹的反应，倾向于从一个极端摆向另一个极端——要么把它视为一个人间天堂，要么把它看成一个完全与世隔绝而且险与时间错位的国度。这两种印象都不真实。但是，不丹的确和世界任何地方都不一样。它壮观的自然美和原生态环境，它绝妙的建筑和活生生的精神文化，还有它睿智的国王及其独特的执政理念——不以国内生产总值 (GDP) 而是以国民幸福总值 (GNH) 来衡量国家的进步和发展——这些都是传奇和浪漫的奇思妙想产生的缘由。

[帕罗]唐东杰普家桥桥头堡,很多要塞和宗堡要经过这样的桥头堡大门才能入内。

国土和人民

多少世纪以来,直到20世纪60年代修了从外部通往这个国家的公路之前,不丹都以禁区闻名。它的与世隔绝不是政治或历史有意的抉择,更多的是由于它的地理环境。英国东印度公司的彭伯顿上尉在1838年这样记载:"整个不丹国土的地表都是接连不断的崇山峻岭……其后果就是,来自世界其他地方的旅行者,好像不管从哪边来,都被拒之门外。"后来的一位英国殖民官员,似乎被前往不丹的旅途前景吓坏了,他在1894年写到:"谁也不想去那些丛林密布、热病流行的乱糟糟的山区探险,遍地都是蚂蟥和大蝇子,对最有开拓精神的先驱者也没有任何回报。冒险也不在不丹冒,科学也把它绕过……"

关于不丹的这类误解和夸大其词,直到50年前都还很典型,甚至在今天也不罕见。因此,我大概最好还是从讲述事实开始。

不丹是喜马拉雅山脉东段的一个小国,夹在两个巨大的邻国印度和中国之间。不丹人称自己的国家为竺域。相传西藏大德仓巴加惹耶谢多杰(1161~1211)在西藏给一座新建的寺庙开光时,听到了雷声,他相信这是来自龙(竺)的声音,响亮地宣戒佛学教义的伟大真理。他将那座寺庙命名为"竺",把他创立的这个教派命名为"竺巴噶举"。当这个大乘佛教的教派在17世纪成为不丹的国教时,这个国家就被命名为竺域,也就是"雷龙之国"。

遍布全国的两千多座寺庙和无处不在的身穿红袍的僧侣,表明佛教在不丹人生活的几乎所有方面都起着重要作用。全国每个区都有一个宗堡——一个巨大的城堡，里面有正式的僧侣机构和若干神殿。每个村庄也有一座寺庙，社区的生活就围绕着寺庙进行。印度教是不丹的另一个主要宗教，信奉者为不同种姓的尼泊尔裔，如刹帝利、拉伊、塔芒和古隆等部族，他们统称为洛桑巴，即南方不丹人，主要定居在不丹南部。

不丹的官方语言为宗喀语，主要在不丹西部通行，但是还有其他两大语言——在不丹东部通行的夏错普喀语和在不丹南部通行的尼泊尔语。此外，还有19种方言，那都是在小范围的高山峻岭造成的与世隔绝的河谷和村庄中留存下来的。

[廷布] 首都廷布是不丹最大的城市，同时可能也是世界上最小的首都，南北只有5千米长，东西最宽处不到2千米。

前言 ✹ 国土和人民

不丹的面积有4.65万平方千米[1]，和瑞士差不多，人口是75万，人口密度很低，大约每平方千米16人。每个不丹人都有自己的土地。这是一个以农业为主的国度，64.4%的人口以农业为生。然而，不丹国土只有8%是可耕地。不丹的森林覆盖率达81%，有近20%的国土常年有积雪覆盖。

我们的国服，女性穿的叫基拉，男性穿的叫帼。基拉是一块长方形的纺织品，有一张单人床单那么大，裹在身上，用一对叫珂玛的银带扣在肩部，腰间系一条叫做吉拉的紧身腰带。里面穿一件长袖衬衫，叫翁菊，外边一款短外套，叫条克。这样就构成了完整的一套服装。妇女从事的纺织艺术在不丹高度发达，纺织一件基拉精品需要花

---

[1] 原文如此，实际上本书第一版出版后，经13年的中不边界谈判，目前不丹国土面积为38,394平方千米。——译注

[普那卡]普那卡宗堡外,母曲河水汤汤流过,春日的泡桐树盛开着紫色花朵。

上整整一年。对亚洲妇女来说,很不寻常的是,不丹妇女大多数都剪短发,额前留着刘海,不过城市中的年轻女性留长发的越来越多了。男子的帼由一块布料做成,有点像和服,有着宽宽的白袖口,帼底边垂到膝盖的地方,用一条腰带在腰间围住,在胸前形成一个兜兜。这个兜兜就像一个巨大的口袋,用来装各种物件——钱、重要文件、喝茶的木碗、一些作为点心的硬干奶酪块,还有装槟榔果(用涂着石灰膏的槟榔叶包着)的小圆盒——嚼槟榔可是不丹人的一大爱好!

宗教节日是不丹人日历上最重要的事件,吸引大群大群人的主要

前言 ❋ 国土和人民

节日是双神节和本节,每年在全国各地的大寺庙和宗堡里举行。宗教节日的日期每年各不相同,但是大多数本节是在秋天和农闲时期(不过帕罗河谷的著名本节则是在春天举行)。本节的高潮是宗教舞蹈,由穿着奇异服装、戴着面具的僧俗人众表演。在舞蹈间歇,被称做阿嚓拉的丑角往往举着巨大的木质男性生殖器,打打闹闹地娱乐观众。很多人家自己也举行一年一度的供养仪式,叫做卓库,之后以盛宴招待全村(本书第二章对双神节、本节和卓库有更详细的解说)。同样在秋天的德赛节,是洛桑巴人的盛大节日,人人都穿上新衣,在自己的寺

[布姆塘] 上学路上穿着基拉和帼的男女学生。

庙祈祷,兴高采烈地击鼓和舞蹈。

　　射箭无疑是不丹最流行的运动,传统的是竹弓竹箭,场地两头,一头一个小小的箭靶,相隔140米左右(国际射箭运动项目的靶子不过是在50米开外)。在假日,你通常可以看到好几场射箭比赛在进行,开车经过的人会急忙把他们的车窗玻璃摇上,听说有不幸的过路人被射偏的箭射中的事，有的还送了命。每个村子都有一个射箭场，如果是重要赛事，两支竞争队伍各有一个活跃的拉拉队支持，拉拉队领头的都是妇女（详情也请看第二章）。如今，昂贵的进口弓都带滑轮，提高箭的速度和力量，这成了人们渴求的地位象征。飞镖也是一项受人喜爱的运动，通常在户外进行，靶标放在20米外。

地形地貌在很大程度上塑造了我们的生活方式和历史。人们恰如其分地把这个国家比作一个巨大而陡峭的楼梯，从海拔150米的山脚升到7000米以上的雪峰。在短短240千米的距离内，你可以经历亚热带、温带……直到高寒地区。不丹可以水平分为三个地理带。南部的浅山区，从平原上升到海拔1500米，有茂密的常青阔叶林、肥沃的农田和相对较高的人口密度。这个地区也有数个贸易城镇，如与印度接壤的庞措林和盖莱普。在这些海拔较低的地区，气候温暖潮湿，往山上走的时候，潮气很大，雾霭腾腾。

中部的温带由内喜马拉雅的高大山岭从浅山区切开，其间有一系列的河谷，海拔从1500米升高到3500米。首都廷布和大多数重要市镇、宗堡和寺庙都坐落在这个地带。这里的山坡上是茂密的有青松和其他针叶树、橡树、木兰树、枫树、白桦树和杜鹃花树的森林。河谷里常常可以看到柳树、杨树、核桃树和鲜花盛开的棶木丛，农民在河谷里种植水稻、小米、小麦、荞麦和玉米，还有芦笋、蘑菇等经济作物，以及马铃薯、草莓、苹果、桃、柑橘和豆蔻等。

温带地区往上，从海拔3500米到5500米，是亚高山带和高山带，环绕着高耸的大喜马拉雅山雪峰，其中有海拔7300米的卓木拉日峰和最高峰岗卡彭森峰（7541米）。这都是不丹人的圣山，是神的住所。它们大多数都还没有人攀登过。高山带有着美丽的冰川湖，还有冰雪融化后长满了野花的牧场，其中有矮杜鹃、高山火绒草、贝母、银莲

节庆期间的乌泽塔上悬挂着释迦牟尼佛和莲花生大师的巨幅唐卡绘像

[廷布] 使用传统弓箭的射手 (David Kneale/摄)

花、报春花、翠雀花，还有国花——神话般的蓝色大花绿绒蒿。夏季，牧场上是星星点点的牦牛群，以及放牦牛的不丹牧人独特的黑帐篷。高山地带也是雪豹、麝香鹿和奇特的国兽牛角羚——塔金（见第十一章）的家园。

不丹的河流源自高山，向南流遍全国，创造出深深的高峡和河谷。河水是不丹人的"白色黄金"。因为不丹财政收入的主要来源就是水电，不丹的水电出口到印度。廷布曲（也叫旺曲）的河水，为楚卡和塔罗水电站提供了动力。其他的主要河流有：流经不丹西南的阿莫曲（曲是河的意思）、在普那卡相汇形成普那藏曲的父曲和母曲，以及流经中部的通萨区然后汇入不丹最大河流玛纳斯河的芒德曲。所有的河流都流入印度的平原，在那里它们最终汇入雄浑的布拉马普特拉河[1]。

尽管大喜马拉雅山是东西走向的，但内喜马拉雅的很多山脉却是从北到南纵贯不丹，在中央地带的山谷之间形成令人敬畏的屏障。不丹中部的帕莱拉山脉就是一例，它把不丹西部的河谷和不丹中部的河谷分开。在没有修通公路的年代，从孟加拉平原自西南方向进入不丹的路特别难走，需要步行大约一个星期，穿过潮湿的疟疾地带和山脚的密林，面临野兽侵袭的危险，还要涉过湍急的河流，走过陡峭的山路，才能到达不丹西部历史上属于政权中心的山谷——廷布、普那卡和帕罗。20世纪60年代初，一条公路把不丹西南和孟加拉平原接壤的庞措林镇与不丹西部更高的帕罗和首都廷布河谷连接起来，公路长达184千米，6个小时就可以悠然地走完。

---

[1] 布拉马普特拉河的上游即中国西藏境内的雅鲁藏布江。——译注

从西到东徒步横穿全国，虽然至少要两个星期，还要爬上爬下地翻过一连串河谷和陡峭的高山，但是却相对比较轻松，因为有四通八达而且路况较好的驮道路网，连接了所有主要的山谷。1975年修成的东西公路(也叫横贯公路)使得在三天之内舒舒服服地横穿全国成为可能。

从廷布的东部驱车前行，你会穿过位于海拔3050米的岭脊峰顶的多曲拉山口。天气晴好时，能从这里看到数座喜马拉雅山雪峰的壮观景色，其中有马萨岗峰(7158米)和不丹的最高峰岗卡彭森。春天，多曲拉周围的森林中，滇藏木兰和杜鹃树鲜花盛开，空气中充满月桂植物的浓香，不丹人用这种植物造纸。经过多曲拉壮丽的一百零八塔，即伟大胜利塔(我在第八章里会写到)，公路陡然下行到洛比萨，在那里一个左转，就到了普那卡河谷，两条河交汇之处就是它伟大的宗堡。但是，如果你继续在东西公路上前行，你将经过17世纪的旺杜波德朗宗堡，雄踞在一座山脊的峰顶，普那藏曲河从它的脚下流过。宗堡下的山坡上，长满了多刺的仙人掌科植物，如果说它有什么非同寻常的地方，那就是对阻遏入侵者倒也有效。此刻你已经从廷布旅行了70千米，这段路大约要花两个半小时。

过了旺杜波德朗宗堡，公路开始往山上走，40千米之后，有一个分叉，通向福布吉卡，那是一个宽广而美丽的冰川谷，距公路13千米，海拔3000米。福布吉卡是稀有的黑颈鹤冬天的家园，也是不丹最著名的寺庙岗提贡帕的所在地，它建于1613年。福布吉卡人每年都热切地等待着黑颈鹤的到来——这种鸟被视为神圣的鸟，当地人普遍相信，黑颈鹤抵达和离开福布吉卡时，都要围着这座寺庙飞三圈。回到公路上，这条公路陡然上行14千米，在帕莱拉山口翻过海拔3300米的黑山。如果是在早春走这条线，你可以看到一群群的牦牛，它们还没有去到海拔更高处的夏季牧场。如果运气好，你还可能看到喜马拉雅

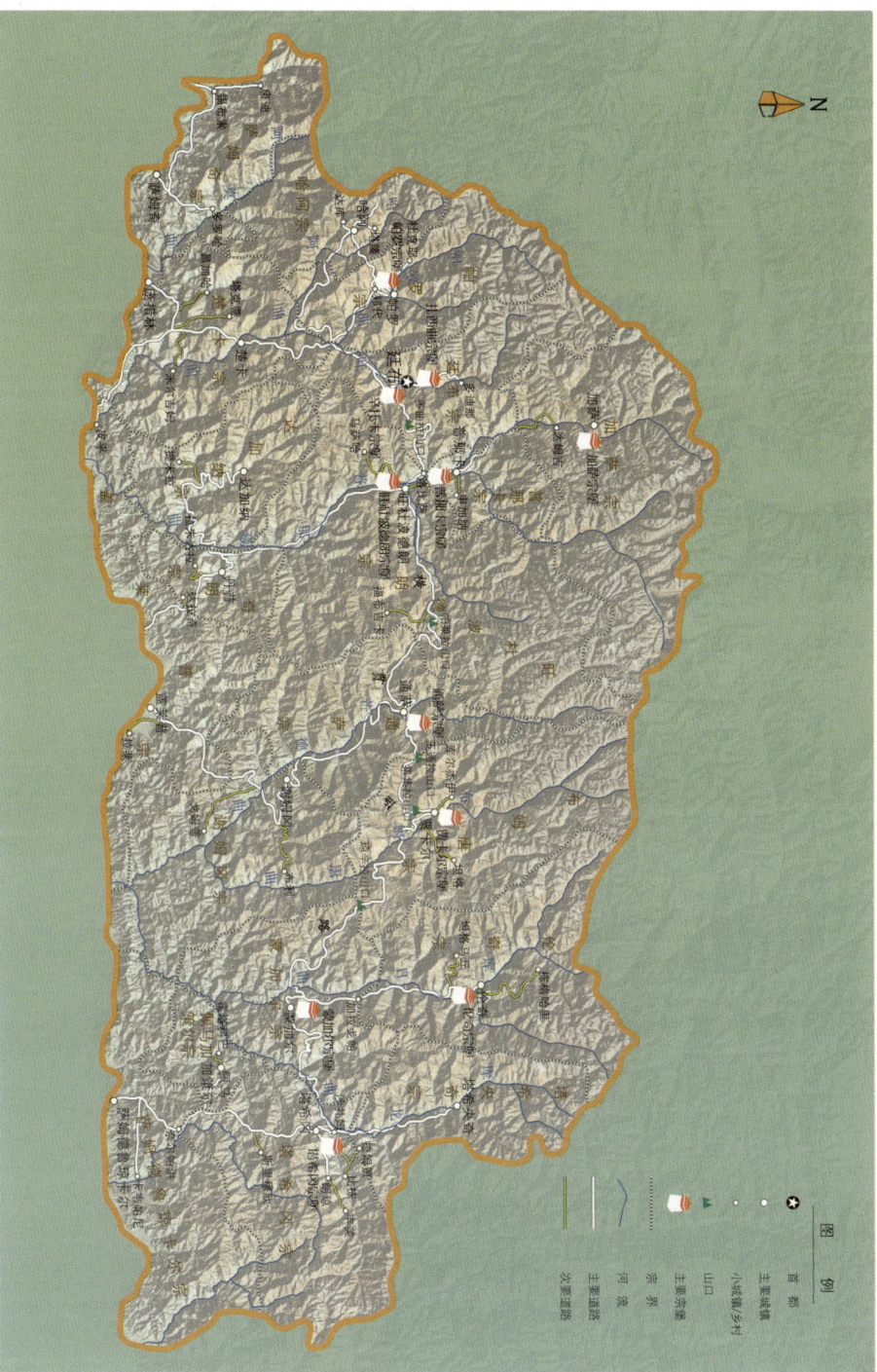

不丹示意图

小熊猫，它们最喜欢吃的食物是山口周围生长的箭竹。

经过帕莱拉山口，你就到了不丹中部。景色和植被明显变了，宽广的鲁库布吉高原伸展开来，在有些季节，肥沃的田野上满是金黄色的芥菜花或者白色的马铃薯花。在尼卡曲桥，公路下到谷底，进入通萨区，路经辰德布吉村（距山口27千米），那里有著名的按尼泊尔风格建的辰德布吉塔。此刻，公路紧挨着山边拐来拐去，蜿蜒42千米，可以看到通萨宗堡令人惊叹的景象，这是历史上不丹王室的驻地，也是不丹建筑最动人的范例之一（见第十四章）。

通萨宗堡位于东西公路和往南方去的公路的节点，向南去的公路通向谢姆岗区，直到边境城镇盖莱普。如果你一直在东西公路上，再行68千米，翻过3400米的王通拉山口，就会来到布姆塘区的曲美河谷。布姆塘以其独特的羊毛织品而著名，叫做"雅思拉"，在祖尼村，你会看到精细的雅思拉挂在路边招徕游客。特别引人注目的是图案精美的彩色毛毯，非常保暖，而且防雨。雅思拉也做成套头披风、外套、小块地毯和靠垫套。织工全是女性，可以看到她们在路边用织机织着。

公路继续翻过集集拉山口，进入布姆塘的下一个河谷——贾卡尔，区的首脑机关所在地。可爱的宗堡俯瞰着这个河谷，就像一只白色的鸟，栖息在山上。谷底的主宰是旺迪楚岭宗堡，不丹头两位国王的夏宫（见第八章）。布姆塘常常被称作不丹的文化腹地，遍访贾卡尔、曲美和相邻的河谷唐谷所有的神圣寺庙，你至少要花一个星期的时间。

不丹一些最重要的朝圣场所就在贾卡，其中有三座宏伟的寺庙，即库杰寺、有着珍奇壁画的唐新寺以及可追溯到7世纪的强巴拉康。贾卡还以它当地产的豪达奶酪和蜂蜜而知名，它们最初是通过一个瑞

[通萨] 守着芒德曲的通萨宗堡自古就是不丹东部和西部之间的关隘。

士发展项目引进的——可不要忘了尝尝这些美味哦!

过了布姆塘,东西公路有一连串让人头昏眼花的上上下下,然后穿过琼辛拉山口(3800米)——路边的山峡笔直陡峭,心脏不好的人,最好不要往下看——那里有一个令人心碎的纪念碑,纪念那些为了修这段公路而丧生的人。

沿这条穿过杜鹃树和针叶树林的路线,有很壮观的瀑布,在这个地区还常常可以看到美丽的角雉和虹雉。接着,公路下行进入蒙加尔区,按人口算是不丹最大的区之一。你现在就来到不丹东部了,至此距廷布已经有450千米。

但是,在攀上蒙加尔宗堡之前,从公路叉出一条路,向大约70千米外的伦奇区而去。在1980年这条公路竣工之前,不丹东北部的这个区只能从布姆塘走驮道进去,它和布姆塘有着悠久的文化和历史渊源。这里的风景展现出典型的不丹东部特色——狭窄的河谷,极小的平地,村庄往往坐落在山脊上,低处的山坡上则是梯田。森林中生长着大量的蕨类植物和各种美丽的兰花,而你在田地里看到的主要作物则是玉米,还有小米——在不丹东部,很多人家用小米来做家酿的白酒。

伦奇宗堡建于17世纪,雄伟地坐落在库日曲河上的一个岩石山嘴上。伦奇区的织工技艺很有名,它也是不丹第一任国王的父亲吉格梅·纳姆耶尔的家乡。吉格梅·纳姆耶尔于1825年出生在伦奇一个叫当卡的村子,他在15岁时离开家乡,去找财路,后来成为很有势力的通萨佩罗,并于1870年成为国家实际上的首领。1999年,我花了两天时间从伦奇宗堡走到当卡村(现在已经有一条机动车道通到这个村了),先人建造的两座精美的庄园宅邸依然矗立在那里。伦奇非凡的织造传统,多半要归功于不丹第一任国王的女儿阿熙旺姆的庇护,她当了尼姑,把许多无价的织品收藏都馈赠给了伦奇宗堡上面的强久林寺,她

前言 ❄ 国土和人民

[布姆塘] 人们在传说中莲花生大师的修行处依着山岩建起库杰寺，殿中的佛龛中央被认为是大师闭关的山洞。

在那里住过一些年。直到今天，不丹最名贵的纺织品还是伦奇的库舒萨拉织品，以白色为底，织出鲜亮多彩的丝织图案。其他有名的织造中心在东南部的佩马加策尔区和塔希冈区的卡林。

塔希冈在不丹东部的心脏地带，距蒙加尔92千米，走公路是3小时车程。历史上的宗堡都建在雄踞两河交汇处的一个悬崖上，直到20世纪初，一直是不丹东部的统治中心。不丹第一所本科高等学府雪卢翠技术学院，就坐落在离该市20千米的地方，校园很大很美。

从塔希冈驱车53千米，就到了塔希央奇区，沿途景色很美，经过贡可拉的神圣山岩和寺庙（见第五章），再往前走，就是伟大的可拉塔，它建于1740年，是仿尼泊尔博大哈佛塔的风格而建的。它一年一度的本节会吸引大量民众，包括从达旺来的人。此时，你很可能已经在路上走得很疲劳了，特别是在横贯公路上那些没完没了一连串的急转弯之后。(有笑话说，不丹最长的一段直路就是帕罗的机场跑道！) 所以，在这个地方从汽车里出来，走下公路，是挺爽的事，从路的尽头高高兴兴走两个钟头，就到了幽静的本达林山谷。和福布吉卡一样，本达林也是黑颈鹤的越冬地——这个濒危物种在全世界只有5千只左右。黑颈鹤10月下旬来到这里，3月下旬离开，回到与不丹北部接壤的中国境内的夏季家园。从本达林往北步行一天，就到了神圣的圣三部主寺庙，那里有我所见过的最精美的壁画，表现的是佛一生中的不同场景。塔希央奇区的另一样名产是它美丽的木漆碗 (见第五章)，它的传统绘画艺术学院也很有名，那里传授不丹的13种古典艺术，包括石雕、造纸、肖像绘画、复杂的金银器工艺等 (见第八章)。塔希央奇区据说也是罕见的耶提 (或者说是喜马拉雅雪人) 喜爱的栖息地 (见第十三章)。这里的民众中经常流传着看到雪人的奇妙故事，不过还从来没有人用照相机拍到过这种生灵。

从塔希央奇回到横贯公路，得返回塔希冈，继续开行180千米，到达萨姆德鲁琼卡尔区，它在不丹东南部水气朦胧的山脚下，和印度的阿萨姆邦接壤。从这里再往西开8小时，穿过阿萨姆和孟加拉平原，又能把你带回到不丹西南部的门户庞措林。沿着横贯不丹的东西公路横穿不丹之后，旅行者就会对不丹的地貌，以及它非同寻常的景色、人民、语言和文化传统有很好的了解。

历史

穿越不丹历史的旅途更为复杂。人们对不丹早期的历史知之甚少，虽然考古证据显示，早在公元前2000年，不丹就已有人类居住。口头传说表明，在第一个千禧年之初，这个国家就有半游牧的牧人生活，他们在夏季会把牧群从山脚地区转移到更高的山谷牧场。和喜马拉雅地区其他地方一样，他们相信万物皆有灵，并且信奉苯教，这种宗教认为树、湖、山都是神圣的。

公元8世纪，随着佛教传入这个国家，不丹的历史开始和宗教人物以及伴随他们的神话传说紧密相连。7世纪初，信奉佛教的藏王松赞干布在帕罗（见第九章）和布姆塘修建了不丹最早的寺庙，以镇住让喜马拉雅整个地区陷入恐怖气氛的食人女妖魔。但是，又过了一个世纪，佛教才实际上牢牢掌控了不丹。公元747年，创立了藏传佛教宁玛派的印度上师莲花生大师来到不丹——相传他是骑着一只飞虎现身的——呆在帕罗山谷一个悬崖上的静修岩洞里，即现在著名的虎穴寺所在地（见第九章）。在那里静修了一段时间之后，他继续旅行到不丹中部的布姆塘地区，那里的首领森达加布（也叫辛杜拉加）听说了他的神奇力量，请大师去驱除一个让他生病的妖精。大师让妖精皈依了佛，布姆塘王感恩戴德，于是他和他的臣民都信了佛。接着，大师又说服森达加布王与他的宿敌哪乌彻（大鼻子）王在一个叫纳比的地方彼此讲和（见第十四章），使得连年的流血战争终告结束。

莲花生大师在不丹更广为人知的称号是古鲁（圣者）仁波切——

在历史上确有其人，他生在今天巴基斯坦斯瓦特山谷的乌苌古国，后来成了印度和西藏都很著名的上师。他访问了不丹的很多地方，施行了神迹，让人们拜倒在佛的脚下。在这期间，很多当地的神被同化为不丹佛教的贤哲，通常是一个特定村庄或河谷的保护神。很多苯教的做法，特别是以各种方式表现的自然崇拜，被并入了不丹奉行的大乘佛教的形态。现在还有一些与世隔绝的小地方，苯教连同其萨满的习俗依然存在。

如今，莲花生大师在不丹被敬为第二尊佛，在不丹，没有一座寺庙或人家里不供奉他的像。通常，在他的两旁还供着他的两位妻子，即印度公主门达拉娃和藏族公主益昔措杰。在宗堡和寺庙举行的一年一度的本节，通常是以对大师表示敬意的一个仪式来收尾，这时，会有一个壮观的队列游行，抬出代表他八种不同显灵的等身像。在不丹的几乎每一个河谷，都会有人指给你看莲花生大师留下的足迹、手迹或某种其他到访或恩赐迹象的山岩或山洞。访客看到这些，可能会不以为然或有所怀疑，但是不丹人不会——对我们而言，那都是特别神圣的参拜场所。

莲花生大师之后的时代，是西藏的灭佛期。在异端藏王郎达玛统治时期 (836～842)，佛教遭禁，寺庙被毁，僧人受到迫害。这时，很多人从西藏逃到不丹，并在这里定居，大多数是在西部的河谷里。11世纪和12世纪中期，又兴起了一波从西藏移民不丹的浪潮，各种不同教派的喇嘛在不丹避难，他们在不丹，特别是在不丹西部，得到了越来越多的支持。其中竹巴衮列 (1455～1529)，也称"疯癫圣僧"，至今都是不丹最受人喜爱的圣人之一 (见第五章)。他通过非正统而且往往是令人震惊的行径，传播他的教义，用歌，用诗，用黄段子，还有他久享盛名的性造诣，来吸引人们对佛教真正精髓的关注。不丹文化既有深刻的精神,又有粗鄙的世俗。你能看到很多不丹房屋的房檐下挂着的木质阳具以及在正门附近画着的飞天阳具,它们都是粗鄙世俗的典型代表。

不丹中世纪时期的历史记录多半都失传了,湮灭在一系列摧毁了我们的宗堡、神殿和印刷所的火灾和地震灾害中。不过幸存下来的,还是足以勾勒出重大事件的轮廓。在中世纪的大部分时间,不丹并没有一个有权威的主导人物,好几个地方首领统治着不同的河谷,并且彼此不断争斗。然后,1616年,一个人的出现改变了我们的历

[旺迪] 民居大门两边的男性生殖器彩绘

上：[廷布] 唐卡上莲花生大师和他八种不同化身的绘像
下：[普那卡] 巨幅唐卡上的夏仲·阿旺朗杰

史进程。夏仲·阿旺朗杰(1594~1651)，一个尊贵的大喇嘛世系的传人，在12岁的时候就被承认为竺巴噶举教派的主寺西藏惹龙寺首座住持的转世。然而，他在惹龙寺即位时，却受到了一个很有势力的对头的挑战，他多次威胁并数次企图推翻阿旺南嘉，给他的地位造成了很大的困难。1616年，阿旺南嘉离开西藏，前往不丹，通过北部的拉雅地区进入这个国家(见第十一章)。

他很快就在不丹全国确立了他精神和政治的权威，尊号为夏仲(意思是"人们拜倒在他的脚下")。夏仲·阿旺朗杰是一位伟大的精神、文化和军事领袖，我们把他视为不丹的国父。他确立了竺巴噶举派的主导地位，建成了驻在普那卡宗堡的国家僧侣机构，并且第一次统一了全国，通过在全国各地建立的一系列宗来行使他的权力。这些宗由他的代表即佩罗来掌握。夏仲还制定了一部法典，创造了形成不丹鲜明特色的文化和宗教传统。比如，我们的国服就是夏仲设计的，也是夏仲引进了在廷布和普那卡举行一年一度的宗教节日双神节祭奠的活动做法。

夏仲规定了一种独特的行政体制，他借此成为全国的精神领袖，而行政事务则由叫做第悉的世俗首领来处理，寺庙上层则由叫做杰堪布的长老率领(英国殖民者的文献中常常称第悉为德布拉加，称杰堪布为达玛拉加即法王)。也许最早访问不丹的西方人，就是在夏仲统治时期光临的——两位葡萄牙耶稣会派教士卡塞拉和卡布拉尔神父在1627年抵达不丹，留下了有关夏仲仁慈、博学并且容忍的热情记述："他以伟大仁爱的方式接待了我们，他接待我们时所表现出的愉快，让我们相信，这位国王应有着博学的名声……所有其他高僧大德都崇敬他。"两位教士和夏仲在廷布河谷北端的切理寺一起待了好几个月。夏仲允许他们布道，渴望了解他们的信仰，却绝不越界皈依基督教。

1651年，夏仲在普那卡宗堡静修，之后再没有出现在公众面前。在那之后不久，他就去世了。但不可思议的是，他的去世被秘而不宣达40多年，因为人们感到，他去世的消息会造成动荡。第四任世俗首领第悉丹增·拉布杰(1638～1696)是夏仲选定的继承人。他在位14年，是一个伟大的行政长官，巩固了夏仲的遗产，完成了他未竟的工作(也见第七章)。他还建立了夏仲转世的制度，让夏仲以三种形态再生，体现他的心灵、言辞和肉体。然而，心灵的化身才是有权统治的唯一一位。在实践中，通常发生的是，由于夏仲的转世都是还在未成年时就被认可并坐床，所以权力往往由他人以他们的名义来行使，导致邪恶的争权夺利。有两位夏仲的转世生在我父亲的家族——但那是另外一个故事了，我随后就要讲到(见第一章)。

在夏仲和第悉丹增·拉布杰之后，不丹再次经历了长期的动乱和不安定。几位第悉遭到暗杀，在强有力的中央权威缺失的情况下，对立的佩罗和首领之间爆发了多次战争。不丹还在孟加拉山脚下的平原地区一个叫做杜瓦的地方(字面意思是门户)，和英国人有一系列小规模冲突，因为东印度公司急于抢走这块肥沃的地区，而这个地区历来是由不丹人所掌握。这些早期的冲突以一些靠不住的停火协议结束了。

1774年，孟加拉总督瓦伦·黑斯廷斯急于探索新的贸易机会，派遣了一个由乔治·伯格率领的使团来到不丹。伯格在不丹逗留了五个月，爱上了这个国家和这里的人民。因为他是这期间很少几个访问过不丹的外国人之一，他的记述值得引述。他注意到，从统

右：[普那卡] 夏仲在普那卡宗堡的僧房玛钦拉康静修，最后圆寂其中，其肉身至今被保存在此。

治者到卑微的农民,不丹所有人的穿着都几乎相同(今天也依然如此)。他记述道:

> 他们风度的质朴……以及强烈的宗教感,使不丹人免于很多那些更文雅的民族所沉迷的罪恶……他们对弄虚作假和忘恩负义非常陌生。偷盗和其他种种不诚实的行为鲜为人知。我对不丹人越是了解,跟他们在一起就越是开心。老百姓都很好——幽默、率直,而且感觉彻底值得信赖。政治家则有某种他们那个职业所特有的范儿。他们是我所见过的构建最好的种族。

另一个使团是1783年派来的,由塞缪尔·特纳上尉率领,这个使团记录了他们"对不丹居民的才智与文明的美好印象"。这个使团当中的外科医生宣称:"我认为,这些人对他们国家疾病的了解和观察,以及他们的医疗实践,保持着一种精益求精和文明的程度,令我惊异。"

但是,到了19世纪中叶,不丹和英国的关系再次恶化,为争夺对与孟加拉及阿萨姆邦交界的杜瓦的控制权,打了好几仗,那是从南方进出不丹的唯一路线。1864年,阿什利·艾登爵士率领的一个英国使团来到不丹,解决边界争端。不过和他的前任不一样,艾登对不丹没讲一句好话。他说,不丹人是"一个游手好闲的种族,除了相互打仗和残杀,对其他一概漠不关心";不丹的骡子"烦躁不安而且难以驾驭";音乐"单调而嘈杂"。艾登的最后一根稻草是他在普那卡和通萨佩罗的会面:"佩罗拿了一大块湿面团,开始用它擦我的脸;他揪我的头发,拍我的背……在我表现出不耐烦或者抗辩时,他还微笑着,对我的气愤不管不顾,假装那是友好的亲近……"当年晚些时候，英国人反击了——他们吞并了孟加拉的杜阿尔，但是由通萨佩罗率领的不丹军队激烈抗争，于1865年把英国人驱逐出去。最后，经过长久的谈判，两国签订了《辛楚拉条约》，把杜瓦割让给英国人，作为回报，他们每年付一大笔年金给不丹。

在这多事之秋，不丹出现了一位新的领袖——吉格梅·纳姆耶尔(1825~1882)，就是那个让阿什利·艾登爵士气得要命并率领不丹军队在1864~1865年的杜阿尔战争中战胜了英国人的通萨佩罗。吉格梅·纳姆耶尔是15世纪的上师佩马林巴传下来的一个贵族家庭的子弟，是通过自我奋斗而成功的人，凭着他了不起的能力出类拔萃，成为通萨佩罗。他很快就在跟他作对的佩罗和首领中占了上风，成为这片国土中最强势的人。和平和稳定回到了不丹。1870年，他成为不丹第48位第悉，或者说文职统治者，任期三年，不过即使在任命了他的继任者之后，他仍然是权力的核心。

君主政体

吉格梅·纳姆耶尔的儿子乌颜·旺楚克是他父亲当之无愧的接班人。他成为帕罗兼通萨的佩罗，并且打败了他的对手，进一步加强了他的地位。此时在位的第悉只是徒有其名，乌颜·旺楚克成为国家无可匹敌的领袖。1907年，由人民代表、高官和大喇嘛们组成的议会一致选举乌颜·旺楚克为不丹第一位世袭国王。他的封号为"龙王"（竺赞普），他的加冕日是12月17日，现在成为了不丹的国庆节。乌颜·旺楚克是一位很受爱戴的国王，他的统治和平而开明，他在位到1926年，他在这一年去世。

他去世后，他的儿子吉格梅·旺楚克继位，他在位到1952年去世，他当政的时期和平昌盛，继位的是他的儿子吉格梅·多杰·旺楚克。我们把这位第三任国王看做是现代不丹之父。他是一个远见卓识的人，制订了不丹有计划地发展的规划，结束了不丹与世隔绝的状态。在他的统治下，修了第一条公路，这急剧地改变了我们的生活 (见第三章)，他的百姓第一次获得了现代教育，开始了和印度及其他国家合作的若干技术援助项目，发展农业、水电和现代管理体制。他还建立了由全国各地人民代表以及官员和僧侣成员组成的国民议会制度，组建了部、高等法院、货币体系、金融和邮政体系。1971年，不丹加入了联合国。仅仅用了20年的时间，吉格梅·多杰·旺楚克就推动不丹走出了中世纪，进入到20世纪。

第三任国王于1972年不幸去世，正值盛年。他的儿子吉格梅·森格·旺楚克成为第四任龙王，也是世界上最年轻的君主，当时他才16岁。2007年，不丹庆祝了君主政体建立100周年，这一百年中有三分之一的时间是在第四任国王治下。

前言 ✤ 君主政体

左上：不丹第一任国王乌颜·旺楚克
右上：不丹第二任国王吉格梅·旺楚克
左下：不丹第三任国王吉格梅·多杰·旺楚克

现代不丹

　　1974年,新任国王的加冕典礼吸引了全世界对不丹的关注。它第一次把国际媒体带到我们国家,国际报刊上发表的照片和文章把不丹描绘成一个童话般的王国,统治它的是一位令人炫目的帅哥国王。吉格梅·辛格·旺楚克国王在加冕后不久,就宣布了他关于国家未来发展的理念。他宣称,不丹成长进步的指导方针,以及对成长进步的衡量,不是国内生产总值,而是国民幸福总值。这是一个革命性的新概念,这个概念最初招来了经济学家和其他发展方面专家的很多怀疑。他们很多人说,国民幸福总值是个很好的口号,但是你用什么指标来衡量幸福呢?如今,他的国民幸福总值理论的成功获得了广泛的承认,成为世界各地经济学家和规划专家认可的一个模式。

　　简单来说,国民幸福总值是基于这一信念,即单凭物质财富,不能带来幸福,或者说不能确保人民的满意度和福祉;经济增长和"现代化"不应当以人民的生活质量或者传统价值观为代价。要获得国民幸福总值,有几个政策领域要优先考虑——公平的社会经济发展,全国每个地区和社会每个层面要共享繁荣;保存和保护原生态环境;保护并弘扬不丹独特的文化遗产;行善政和提倡老百姓参与的回应性治理。这些,就是驱动国王那些政策的原则。

　　最优先考虑的,是通过全民医疗保健和全民教育来实现农村发展,包括那些住在最偏远的村庄的人;修建道路和交通;实施畜牧业和农业发展计划并开办相关产业;促进传统手工业——所有这些,都

前 言 ❋ 现代不丹

不丹第四任国王吉格梅·森格·旺楚克

旨在提高农村生活水平，创造新的就业机会。

不丹环境保护措施的制定，吸取了我们周边其他国家失误的教训。我们的环保措施包括，通过立法保证不丹的森林覆盖率不得低于60%，以及不准许任何引起环境恶化和威胁野生动植物的工业和商业活动 (见第五章)。比如，由于这个政策，我们所有利用河流的水电工程，没有一个造成生态损害，也没有一个因为大坝而淹没了栖息地。严格的生态保护措施并没有影响不丹水电工程的盈利——它们现在提供全国财政收入的40%，并将确保经济的繁荣和独立。对环境以及文化的关心，也决定了我们不鼓励大规模旅游，并且不去开发我们丰富的自然资源，比如铜，因为那会造成对人类以及自然居住地的破坏。

独特的文化传统给了不丹鲜明的特性，这些传统通过立法得以保护，比如，法律要求，所有不丹人在公共场合都要穿民族服装 (这也使我们奇妙的纺织传统得以存活)，并且强制所有公私建筑都要遵从我们无与伦比的传统建筑的设计和规则 (这当然并不排除在建筑内部拥有一切现代的便利)。传统工艺美术受到鼓励，通过政府和宗教的定期保护，通过宗堡和寺庙的大规模重建及整修项目，得到最高标准的维护。

我们的精神文化渗透在生活的方方面面，包括政府。国家供养的僧侣团体有大约7000人，由杰堪布或者说国师领导，他是中央寺庙最高僧官选举出来的，是不丹的精神首脑 (现任杰堪布是一脉相承的第70任)。即使是在21世纪，僧侣仍继续在社区生活中起着一种必不可少的作用，主持着节日和人生进入新阶段的礼仪，提供指南、忠告和慰藉。还有另外大约3000名僧侣由私人供养人供养。我们也有被称为贡千的居家僧人的学院——这些人和他们的家庭住在一起，但是已经获得了使他们得以进行祈祷和其他宗教仪轨的学问。他们在不丹东部

上:[布姆塘] 库杰寺庭院里的法会结束后,老少僧人们纷纷起身走回僧舍。
下:[加萨] 加萨中心小学有109名学生,是全国七所"对儿童友好"(Children friendly) 的学校之一。

起着一种特别重要的作用,只要有村庄需要他们服务,他们都会去,从一个村子走到一个村子。由于僧侣受教育程度高,在社会上很受尊重,对舆论导向很有影响,所以现在他们在国民生活中起着一种重要的新作用——在公共卫生、计划生育和艾滋病防控等领域,作为高度有效的社会变革代理人。

国民幸福总值的成就,现在有了具体的证据。从1985年到2017年,不丹的人均预期寿命从47岁提高到69.8岁;识字率从23%提高到65%,小学入学率达到了90%。全国现有30所医院,210个初级卫生站,2065所教育机构。在环境方面,不丹因其丰富的生物多样性和对自然资源的模范管理,被命名为世界十大生物多样性热点之一。这些成功,在很大程度上归功于国王亲自密切监督这些政策的落实——他把大量的时间用于在全国各地巡视,而且常常是徒步行走,亲自评估项目的进展,听取百姓的意见。每个不丹人都可以接触到国王,并当面向他诉说。

国王为提供回应性治理和参与性管理,已经稳步奋斗了25年,为了这个目标,他缓慢而逐步地引进了根本性变革。比如,1981年,他开始了分权和民主化进程,把决定自己优先发展目标的权力交给国内每个宗卡(区)。1991年,他把这一决策的权力延伸到村。然后,在1998年,他不顾国民议会的强烈反对(国民议会三分之二以上的议员是从全国20个区的代表中选举出来的),自行放弃了他的行政权力,移交给部长会议。他还促成通过了一部法律,赋予国民议会召集对国王投信任票的权力。他坚持认为,这对国家未来的福祉是一种必要

右:[普那卡]第五世国王吉格梅·凯萨尔·旺楚克与他的新娘杰遵·佩玛王后在婚礼庆典上。

的保证。2001年，他发动起草宪法，让不丹实行两党选举制，成立立宪君主政体，并对君主实行65岁强制性退休（国王2005年11月才满50岁）。这部宪法草案已经就绪，并已提交给老百姓征求意见。2005年末，国王开始巡视全国每一个区，倾听百姓的看法，澄清他们的疑虑，并亲自向他们解释，宪法如何能使他们在一个由立宪君主制统领的议会民主中，成为自己命运的主人。2005年12月17日，也是我们的国庆节，他宣布将在2008年退位，由他的长子——王储吉格梅·凯萨尔·旺楚克殿下继位，而他会成为新宪法的捍卫者。我相信，历史将证明，龙王吉格梅·森格·旺楚克一朝，是不丹的黄金时期。不丹不想拒外部世界和21世纪于国门之外，我们要繁荣，但是不要以牺牲我们所珍视的传统和文化为代价。我们要吸取现代技术的益处，但是要按我们自己的步子，根据我们自己的需要，在我们感到合适的时机。因此我们直到1983年，才修建了一个机场，开始不丹的航空业；我们逐步增加外国旅游者的人数，从1974年的200人增加到2016年的20万人；我们直到1999年才引进电视。人们常常会想，在这个信息技术的时代，经济发展日益全球化，不丹鲜明的特性和深厚的精神文化还能保留多久？我自己对这一点则没有任何怀疑。你只要看看一个不丹僧侣是如何娴熟地用电脑把一卷10万言的经文输入进转经筒，就会明白，不丹社会既生机勃勃，又深深植根于传统之中，它有非凡的能力欣赏、吸收并改变新的思想，也能轻而易举地把它们纳入不丹的生活方式当中。

关于本书

　　本书不是关于不丹的学术著作,也无意做到面面俱到。我对我的祖国的画像,取自非常个人的视角,几乎完全基于我自己的经历。这本书分三个部分。第一部分"与不丹一起成长",是个人的回忆,讲述我的童年和学生时代。所刻画的是对外部世界开放前一个不丹村庄的生活,详述了不丹在20世纪60年代初如何开始走出与世隔绝的状态。在这段时间里,我们修建了公路,接触了现代教育,生活发生了巨大的变化。

　　第二部分"我们这样生活",仍然大体是通过我自己的经历,试图解释我们的一些最根本的信仰和习俗,像转世,像我们的传统医学体系,像我们的建筑传统,像我们的精神信仰帮助保护了我们的环境等等。

　　最后一部分"人民和地域",是基于我对全国各地不同地区广泛的徒步旅行所得,这些地方大都很偏僻。有些旅行是朝圣之旅,不过大多数旅行是去很少见到外来者的乡村、社区和偏远聚居区,就连大多数不丹人也不晓得这些地方。而旅行的结果,都是和令人难忘的人们暖人心房的相遇,他们打开了我的眼界和心扉,让我了解到那些住在远离廷布和其他政府中心区的人们的需要和问题,也使我发现了具有难以想象的美丽的地方。我希望这本书能够为洞察不丹人的性格和文化提供新的见解,能让人们领略我们祖国的神奇壮美和多样性,并且传达出所有不丹人对身为雷龙儿女的自豪感。

第一部分
与不丹一起成长

[普那卡] 河谷地带孕育着肥沃的农田和依河的村庄。

第一章
宝藏山上的村庄

1955年6月10日,当第一缕阳光触摸到不丹西部普那卡区一个叫罗布岗的村庄的群山时,我降生了。我父亲充当了接生婆的角色,用一根削尖的竹桩切断了我的脐带,把我递给我的外婆乌加德姆。在我出生之时,我父亲接生已经很有经验了,我上面的胞姐贝达和胞兄桑加,也是他接生的。家里流传的一个故事说,我母亲每次生孩子时,痛到极点就打我父亲的头,好让他也体验一点她所受的痛苦,而我父亲则心甘情愿地挨打。

按照罗布岗生孩子的惯例,我父亲在我母亲床前还要伺候好几个星期,直到我母亲完全复原。每个孩子出生后有整整两个月,我父亲要忙个不停:劈柴,给露天浴室的一口大锅烧水,让我母亲一天洗两次澡。水烧开之后,倒进一个木浴缸,自然放凉到合适的温度,然后我父亲背着我母亲从卧室到浴室,给她洗浴,之后再把她背回床上。为了增加体力,要给产妇吃煎鸡蛋和马鲁——一道用切碎的牛肉干、生姜加一点辣椒酱做的菜。为了让她保持轻松舒适的心情,还给她吃冲加——一种用酥油和鸡蛋冲的酒酿粥。有父母的宠爱,有丈夫的关爱,我母亲无疑受到了悉心的照料。在那个年月,罗布岗所有的人都非常看重热水澡的疗效,并且认为妇女每次生了孩子,都应当全休两个月,才能保证她们的青春活力。现代医学可能会哂笑这些想法,但是我母亲生养了9个孩子,并且直到70岁还显得很年轻。

罗布岗村坐落在普那卡河谷的一个山脊凸起的高处,是由第九任杰堪布夏察仁青建立的。他于1744~1755年任不丹国师,是不丹最受尊重也最有学问的宗教人士之一。相传他在罗布岗上方的山中一个遥远的隐居处所静修时,注意到下边远处(当时还是一片丛林)的地方有光闪烁,如同一颗明亮的星星。他派了一个僧人去查看,僧人吃惊地看到一块石头在发射光芒。他立即把那块石头拿来给他的师父,师父宣布,那是一块宝石(宗喀语为罗布)。因此,他把这个地方命名为罗布岗,字面的意思就是宝藏山,并且在那里建立了一座寺庙,叫措拉康。他把发光的宝物埋进这座寺庙第三层一个经堂的佛像里面。

关于这尊佛像,有一个很传奇的传说。20世纪50年代,罗布岗和邻近的几个村流行了一场天花,很多人死于这个可怕的疾病。但是在罗布岗发生第一例死亡之后,佛像开始出现一种奇怪的现象——它的外层开始起泡、脱落,之后我们村就再没有因天花死亡的了。罗布岗的人相信,是佛祖把疾病吸走了,他们才能免除最坏的劫难。以后人们重修了佛像,给它新镀了一层金。但是,这尊佛祖安详的脸上,至今还留着一个小点,就像一颗痘痕。这个痘痕每隔几年就挪个地方——早先是在脸颊上,现在出现在上嘴唇的上边。不管镀多少金,也遮挡不住。

措拉康建成若干年之后,不丹第十任国师在它的对面修建了另一座寺庙,叫辛楚格嫫寺。罗布岗村就在这两座寺庙周边发展起来。假使我早生30年,就不会生在我外婆在罗布岗的家屋里,而是在村子边上的简陋产房里。因为在那时候,罗布岗的居民必须遵守严格的教规。村子里不许养任何动物,连鸟都不能养。只有一只孤零零的雄鸡,作为社区的闹钟,有特权生活在村子里。村庄中常见的职业织布和农作都被禁止。一个拿着可怕皮鞭的僧人监督着人们服从那些教规。尽管有这些限制，人们还是被吸引到那里定居，因为作为一个在教村，罗布岗和住在那里的人免除了当时在不丹很普遍的差役——乌拉，即国内所有的建设项目，无论是寺庙、宗堡、公路还是驮道的建筑、修缮或维修，老百姓都有义务献出一定量的劳动。政府对罗布岗的管辖到了20世纪30年代才开始有所放松。

　　罗布岗有50多所房屋，沿着山脊一字排开。我们家位于全村的最高点，是一栋很大的两层楼，有一个带围墙的外院和一个小一点的里院。楼房用夯土和石头建成，有木雕的窗户和过梁，斜坡的屋顶很宽，盖着木瓦板，用石头压住。最上面一层和屋顶之间有一个用来贮放柴禾和干草的空间，可用于风干辣椒和肉类。那时候，不丹农村大多数房屋都把牲口圈在最下面一层，但是我们把宽大的厨房和粮库放在这里。楼上有五个房间，包括卧房和装饰华丽的经堂。顶层和房子成直角的地方伸出一个长方形的房间，这样房子的形状就成了一个倒L形，或者按我们喜欢的说法，是旗杆上的一面旗子(萨察)。这样的旗房只有罗布岗才有。从我们在山顶上的家，可以看到北面的雪峰以及东面和南面宽阔肥沃的普那卡和旺杜波德朗河谷，景色壮观。

　　在我们院子的西门外，有一丛蒌叶，旁边长着靛蓝草和茜草，用来把家家户户织布的线染成蓝色和红色。附近是我们的浴室，内有一个大木浴缸，周围长着无花果树和覆盆子灌木丛。我母亲特别爱干净，要求所有的孩子都要自己洗衣服，每星期在这里泡两次热水澡。这意味着要烧大量的柴禾，柴禾是我们从附近的林子里打来的。房子北面是我们的麦田，麦田周围长着梨树、桃树、柑橘树和柿子树，附近一个塔的周围则生长着野花椒和葡萄树。我们的围墙院外还有一座茅厕，用2米多高的桩子撑着。

　　罗布岗有一条贯穿全村的水槽，是用掏空的原木做的，架在木桩

[普那卡] 当吉村的民居

上。流过水槽的清水源自村子上面的一个泉眼,在一棵大树下。树上缠满了葫芦藤,那些葫芦好看不好吃,罗布岗人把葫芦掏空、晒干,家家都用它们来做瓢。我们家是村头第一家,是第一个从水槽里打水的。我们把水贮存在院子里一个个巨大的铜壶中,下面的人家也是这样,他们会在离他们最近的地方取水。如果他们渴了想喝水,只需把一片叶子放进水槽,把水引向他们嘴里。水槽也是村里每天集会的场所,人们聚在那里,交流新闻和讯息。水槽的尽头位于村子另一头的一座佛塔处,住在罗布岗下半部的人们在那里打水。它不仅是罗布岗的生命线,也给整个村子增加了特色,能把全村组织在一起。

虽然我母亲家已经在罗布岗定居了很久,但是我父亲家在那里安家却晚得多,是在他们经过了一个相当动荡的时期之后。这是由一个悲剧性事件造成的,它不仅影响到我父亲家,并且在全国都有反响。在这里,我需要再对历史做一点回顾。

我在前言中已经写过，不丹是17世纪由夏仲·阿旺朗杰统一并形成其行政架构的。作为我国的国父，终其一生，他在不丹都是最高权威。他去世后，有很长时间是双重统治——有一个世俗首领（第悉）和一个宗教首领（杰堪布）。此外，精神的力量体现在夏仲的三种转世当中，代表他的心灵、言辞和肉体。特别是心灵的转世，历来被认为在不丹有权行使最高权威。1907年，随着不丹君主制的建立，这种双重统治的体制结束了。但是，对夏仲心灵、言辞和肉体的三个转世，老百姓依然承认并极为敬重。

20世纪初，这三个转世当中有两个都生在我父亲家。我父亲的舅舅（他母亲的兄弟）夏仲·吉格梅·多杰（1905～1931）是第六世心灵转世，他驻锡在伟大的塔罗寺，从罗布岗上山需走一个小时的路程。我父亲的哥哥吉格梅·丹增（1919～1949）是第六世言辞转世，驻锡在帕罗的桑卓克宗堡。我父亲小时候会定期去塔罗，和他心灵转世的舅舅夏仲·吉格梅·多杰待上一阵子。

1931年11月，不丹第二任国王统治时期，夏仲·吉格梅·多杰在塔罗宗堡遭人暗杀，在深夜被人用丝巾塞住喉咙憋死了，当时他才26岁。我父亲的舅舅一心向佛，没有任何世俗的野心，可是一些有势力的朝臣担心他会挑战王权，就对国王说他的坏话，影响国王的心思。在这种阴谋和猜疑的气氛中，夏仲自己的侍臣有的也挑起事端，以夏仲的名义挑战国王的权威。夏仲·吉格梅·多杰被谋害的消息被隐瞒，遗体被匆匆火化，只说他在睡梦中突然去世。全国各地的老百姓既吃惊又悲伤，对于他的死亡的传言和推测持续了几十年。

我父亲的家族自然因这件事深受震动。他们现在更担心我父亲的哥哥，第六世言辞转世吉格梅·丹增的性命。他们尤其害怕强势的不丹西部地区长官帕罗佩罗，他是国王的表兄弟。据说他在塔罗的暗杀中起了主要作用。而且他特别怨恨我父亲家族享有的地位，从不放过任何一个骚扰他们的机会。出于对那个小男孩性命的担心，父亲一家逃离了帕罗，把土地和财产都留在那里不管了。我父亲那时才8岁。之后的16年，他们家四处漂泊，苦不堪言，从一个地方流浪到另一个地方——西藏、不丹的哈宗河谷、锡金的甘托克，最后是印度的噶伦堡。

1947年，国王传过话来，说父亲一家可以回不丹去，而且承诺会把他们的土地还给他们。我父亲当时已经22岁，他回到不丹，在布姆塘河谷的旺迪楚岭为王室做事。他也到过普那卡河谷，打听归还河谷中家族祖先土地的事，并且留在那里，参加普那卡宗堡一年一度的双神节（见第二章）。我母亲穿着她美丽的白色库舒萨拉基拉，戴着一串珊瑚，就是在那里，他们一见钟情。他们在塔罗寺的本节时进入热恋阶段，普那卡双神节之后不久，我父亲决心回来娶她。我们现在还有他在塔罗的本节用他从噶伦堡带回来的照相机给她拍的照片。1949年，我父亲的父母回到了不丹，在父亲的敦促下，在罗布岗安下家来。他们在村子中部买了一所房子，面朝着辛楚格嬷寺。悲哀的是，在他们从印度回来的路上，我父亲的哥哥，夏仲的第六世言辞转世，在通萨患疟疾去世了，时年30岁。同年，我的父母开始他们的婚姻生活——他24岁，我母亲18岁。

我的童年非常幸运，有两家慈爱的祖父母呵护着，他们都是极棒的榜样。我母亲曲吉是她母亲的独生女儿，所以我的父亲入赘到他妻子家。我的外婆乌加德姆毫无疑问是家里的大拿。说实在的，她在村里也很有威望，在村里的会议上，往往都是她和她最好的朋友乌加彭姆说了算，那些会都是坐在辛楚格嬷寺附近的一棵老桃树下开的。据说，那棵树是在18世纪建这座寺庙时种下的，一到春天，便满树桃花，美不胜收。看外婆如何把外交手腕、发号施令、妥协调解和大无畏精神混合在一起与人周旋，达到她的目的，也是一种教育。她不仅设法让别人接受她的观点，而且最后还能让大家以为那原来也是他们

[多曲拉山口] 佛塔上的夏仲·阿旺朗杰像

自己的想法。我们村女人的厉害和独立是出了名的。罗布岗有个笑话说，如果一个男人要娶罗布岗的女人当老婆，他就应该卷起袖子到这里来，随时准备完成她分派给他的任何活计。桑杜罗布外公肯定是卷起袖子来的。他是我母亲的继父——她的生父在我母亲一岁的时候就离家出走了——是他把我母亲养大，毫不保留地爱她。他是个非常勤劳的人，是个忠心耿耿的丈夫，也是非常慈爱的外公。

乌加德姆外婆是个苗条小巧的女人，五官轮廓分明，年轻时是有名的美人。她厨艺出众，全家的饭都是她做。她也很善纺织，并借此挣了不少收入。我母亲也做一些纺织，但是她主要负责照看她越长越大的鸡雏，看管家里的菜园子。虽然乌加外婆不识字，但是她把经文都背下来了，那要花很多功夫。她是非常出色务实的管理人，稳稳地分派着丈夫和女婿负责的所有需要做的活计。山下的普那卡，有我们的稻田需要照看，要种当季的蔬菜和粮食，要放牧牛马，还要劈柴。所有这些活，桑杜罗布外公都毫无怨言地去干，我父亲也帮着干。外公有力的双手因为干活而非常粗糙，他能拔起大捆大捆带刺的荨麻去喂牛，毫不畏缩。很多夜晚，他通宵熬夜地守护庄稼、果园和牲畜，以保证它们免遭熊、野猪和豹子的破坏。

我还记得一天晚上，一只豹子悄悄跟着父亲到我家的院墙，把他的马的脖子咬了一个大口子，然后大步窜到邻居家，把他们的猫吃了，引起了一番骚动。还有一天晚上，在我们家围栏附近，父亲碰上一只熊，吸引它到那里的，是我们果实累累的梨树。当那巨大的动物向他扑来的时候，我父亲用他随身自卫的步枪朝它射了一枪，随着砰的一声枪响，那只熊倒在了梨树下。第二天一早，全村人都汇集到我家的草地上，谈论着这事，很庆幸那只熊得到了解决，因为它一直在吃他们的水果和他们养的猪。他们也惊异我父亲的枪法——他那一枪正击中到熊张开的大嘴里面。

我们爱戴并尊敬乌加德姆外婆,但是让我们感到亲近的却是桑杜罗布舅舅(我们这样的称呼是随我母亲对他的称呼)。他瘦瘦的,满脸慈祥,是他教我们念经祈祷,管束我们。他还教给我们不丹的传统礼仪——如何接待客人,如何尊敬长辈和出家人,在念经祈祷和参拜寺庙和宗堡时如何行事等等。同时,他还督促我们吃饭时不要掉饭粒,不要浪费粮食。有时候,他会把我的左手绑到我的背后,好让我用右手吃饭(我却一直没有被扳过来)。桑杜罗布舅舅是民间智慧的一个泉源,他最喜欢的一些谚语永久地刻在我的心里。下面是其中的一些,不过这些话用宗喀语说,要更诗意得多。

"有自知之明是聪明人的标志。"
"不要把所有的心思都表现出来,不要把所有到嘴边的话都说出来。"
"怎样瞄箭靶比箭怎样射出去更重要;怎样听话比怎样说话更重要。"
"喇嘛走了,再烧香也没有用了;狗熊跑了,再拔剑也没有用了。"
"你若给人让座,他很快就会要伸腿的地方。"
"树没有不长结疤的,人没有十全十美的。"
"有一个美德,胜过有百两黄金。"

我们虽然和我的外公外婆住在一起,但是也有很多时候是在我祖父祖母家度过。和我充满活力而又讲究实际的外婆相比,我父亲的母亲阿熙多杰欧姆是一个温柔的妇人,待人和蔼可亲,而且非常虔诚。我们叫她阿奶。她从来没讲过一个粗字,也从没有过一丝恶意。她满头银发,皮肤白嫩,身上有一种特殊的光辉。全村人都对她敬重而顺从,尤其是她是他们所敬仰的夏仲的妹妹(就是那个在塔罗惨死的夏仲)。我的祖父桑加丹增,我们喊他爷爷,他也是风度不凡的人——长长的胡须和银发,英俊而仪表庄严,笑起来满脸放光,而他磁石一样的性格不仅把孩子们，而且也把大人们都吸引到他的身旁。我很明白为什么女人们都感到他的青春活力难以抗拒。我父亲的哥哥旺楚克伯父和他们住在一起，我姑姑们的孩子也常在那里。这些表兄妹是我们亲密的伙伴，也是我们所有恶作剧的同谋。我祖父母家的饭是他们的厨子闵杜做的，向来都很丰盛可口。我们这些孙儿孙女们只需要求一道爱吃的菜，那道菜马上就会给我们做好。从我对罗布岗对我养育的叙述，你可能已经了解，在不丹社会，女子享有和男子平等的地位。女人往往是她们父母财产的继承人，而她们的丈夫往往是入赘到她们家。妇女有择偶的自由，也有离婚和再婚的自由，不会受到任何社会歧视。家务活，包括抚养孩子，都是男女分担。我童年最早的记忆，就是我3岁的时候，父亲背着我，把我用一块围布牢牢地绑在他身上——那是一长条手织棉布，缠在他胸前。有的时候，我襁褓中的妹妹次仁彭姆会和我一起绑在他背后。这样，我父亲就可以腾出手来做其他家务活，而我们在他的背上也很安全，不会受伤害。我们会从他的肩头偷偷看，看他在做什么，最后依偎着他的背沉沉睡去。

在长大一点后，我就拾柴，打水，帮着收老玉米，收蔬菜，还常常把牛赶出去放牧。我特别喜欢给奶牛挤奶。我有点男孩气，觉得穿上我哥哥及膝长的帼比穿小姑娘家穿的长及脚踝的束腰外袍葛楚要舒服很多。我的葛楚是我父亲缝制的，我穿的长筒靴也是，靴腰是棉布的，靴底是皮的。他手很巧，那年月大多数男人手都很巧，能为家人缝制衣服，做鞋，从农具到房顶都能修理，还能做精细的木工活，雕刻祭坛、过梁和窗框——后面这些活都是留到冬天做，那时候田里没什么活了。当然，他也会熟练地接生（今天，不丹偏远乡村的男人仍然继续充当着接生员）。

父亲曾经一走就是好久，让我们家的马匹和骡子驮上稻米、辣椒

左上：[廷布] 不丹乡村节庆上盛装的少女
右上：[布姆塘] 妇女用自己纺的羊毛毛线编织雅思拉毛毯
左下：[布姆塘] 不丹乡村老人
右下：[布姆塘] 不丹乡村女性

和佐（我母亲和外婆做的炒米），用它们在西藏的帕里换干鱼、盐巴和茶。他还一年去一次印度的噶伦堡，买布匹、糖、肥皂、食用油和槟榔果。我们会数着天数盼他回来，盼他给我们带太妃糖，盼他带回来机织布料，缝制成新衣服。其余的时候，我们都是自给自足：吃自己种的菜；做饭和家里点灯用的油，都是我们自己用芥菜籽榨的；酥油和奶酪都是自制的；我们还用附近长的植物泡茶，如金丝桃，它的药性现在已得到全世界的承认。家家户户对草药的疗效都有一些基本常识，很多村子有一个熟悉传统知识的大夫，对各种药草无所不知。不过当然，他们对危重病症就无能为力了，那还得要外科手术或者抗生素，而那时我们还接触不到现代医学。

收获时节，全村人把劳力集中，一次收一家的地。这家地收完之后，主人会摆上宴席，招待所有帮助过他的人。这永远是非常快乐的场合，很多年轻人就是在这样的场合谈情说爱的。只要村里有人盖房子，也同样是全村出动——每个人都愿意出把力。这些时候，真是众人拾柴火焰高。

我们创造了自己的娱乐。最受欢迎的是洛扎——一种音乐辩论，女人排成一排，和男人对唱，其中，机智聪明的应答会大受奖赏。通常都是女人赢。

童年时代我最生动的记忆之一，是我祖父母家的一张留声机唱片。旺楚克伯父从噶伦堡买回来一架手摇留声机——那在罗布岗可是极新奇的玩意儿，还有一张每分钟78转的唱片，全是笑声。这成了全村的特别宠爱，无论老幼。很多冬日的下午，人们聚集在我祖父家，要求放那张唱片。听上一会儿，笑声就有了十足的感染力——所有的听众会发出一阵阵的欢笑，直到眼泪都顺着脸颊流下来。这张唱片给罗布岗几代人带来了欢乐和笑声，它至今还在旺楚克伯父的家里，保存完好。

第二章
年度仪典与节庆

罗布岗与季节共生的宁静生活,会被一年当中很多的宗教仪典和节庆打断。这些活动不仅给了我们娱乐,也给了我们精神上的满足感,并且有助于加强村里紧密交织的社区纽带关系。它们也使罗布岗人有机会见到附近村子的人,与他们做生意、以货易货、买卖土地和牲畜。当然,这些集会的气氛十分喜庆,加上所有的年轻人都穿上盛装,也非常有益于谈情说爱。

作为孩子,我们特别兴奋地盼望的活动,是一年一度、为期两天的宗教仪典卓库,每年都是在我们家举行。卓库的目的是诵经感谢,感谢过去一年的福佑,也祈祷全家将来平安。我们的卓库(印地语叫普迦,即法会之意)会由不丹第63任国师杰廷里亨珠尊者(1896~1974)主持,他退休后就定居在罗布岗。他本人极有学问,十分虔诚,目光忧郁,鼻子很大,是村里的精神支柱。我外婆乌加德姆是他最诚心的信徒,为了以实际行动谦卑效劳,还把他要洗的衣服拿回家来洗。我自愿为他洗衣服,出于对他的敬仰,我还抿过一小口泡过他衣服的肥皂水,有如那是我们经堂宝瓶中的藏红花圣水一般!这位退休国师常来我家,住上几晚,品尝我外婆做的美味佳肴,她的厨艺远近闻名。他有次在我们的经堂里过夜时,做了一个梦,梦里我家有了大成就和大功德。不得不说,这是个好的预示。

[帕罗] 用酥油和谷物粉做的彩绘朵玛供品

我们一年一度的卓库总是在阴历11月举行,公历不是11月就是12月。三位僧人提前两天来到我家,做朵玛——用酥油和米粉或面粉做的供品,涂上颜色,雕刻成复杂而漂亮的形状。朵玛要献给大慈大悲观世音菩萨,祥寿佛母次仁玛,以及不丹的全能守护神益昔贡布和吉祥天女班达拉姆。我们会把朵玛放在祭坛上,与一直放置在那里的七碗清水在一起。不丹每一户信佛人家的祭坛上,都有这七只碗,象征着七种供品,即粮食、饮料、清水、鲜花、燃香、燃灯和香料,那是必须每天都要供奉给这些神灵们的。然后,僧人们摆上专门的祭祀食物供品,准备几百盏小铜灯,里面盛着化了的酥油和棉捻灯芯,准备在祈福期间点上。经堂的墙会用色彩绚丽的唐卡遮住,祭坛上方则喜气洋洋地挂着十字交错的绸带和流苏。

国师会在卓库前一天到，在我们家的经堂过夜。我们会在门前恭候他的来临，烧起刺柏枝——刺柏烟很香，是表示恭迎的一种传统方式。第二天凌晨三点，祭典仪式就开始了。国师会在祭坛前面磕三个长头，然后在他的宝座就坐，同时祭坛两侧各有九位僧人成排坐在地板上。国师的面前放着一张雕花矮几，上面放着进行仪典所必须的物品——一个双层霹雳杵，象征带来启蒙的纯洁与智慧；一把普巴杵或献祭匕首，用来涤罪并降伏妖孽；一只达玛茹或双面鼓；以及一个铃铛。铃声鼓声的韵律和风吹动海螺壳以及打钗的音符一起，不时打断祈福者的诵经，营造出一种几乎令人昏昏欲睡的气氛。我们坐在祭坛前，一坐就是好几个钟头，丝毫觉察不到时间的流逝。过卓库节，全家都会聚在罗布岗，召唤神灵对全家的护佑。诵经休息时，我们会招待大家吃咸酥油茶、藏红花甜米饭和米粥。

卓库节的第二天也是最后一天，我们会邀请罗布岗全村和我们的远房亲戚到我们家呆上一整天。除了国师，所有的人都被招待在草坪外用午餐和晚餐，国师的饭则放在托盘里，送到经堂用。食物是卓库节的一个重要部分，因为这也是欢庆丰收和昌盛的节日。一年到头，特殊风味佳肴的供应都会保存下来，专门等这个场合拿出来。有灌了稻米、生姜、花椒和猪血的腊肠、蜜汁猪肉小排骨、煎鸡蛋、用生姜和鲜奶酪调的黄瓜沙拉，还有不丹国菜——辣椒奶酪。我们地里的青菜——小萝卜、胡萝卜、丝瓜、芥菜、茄子和大葱——会用髓骨来做，让它们有一种特别的味道。我自己最喜欢的是一种用辣椒籽加一点奶酪炖的肉骨——这是我外婆的拿手菜。猪肉都带有大块的肥肉，所有的菜都油汪汪的——如果上的菜加的油很少，会被人看成是小气。

盛宴之后，就是唱歌跳舞，全村的妇女都会参加。我母亲会是歌舞的中心，因为她有着罗布岗最美妙的歌喉。我的外婆和父亲在看着我母亲表演的时候，心里充满了自豪。在卓库节结束之前，全家人会成群结队地回到经堂，接受祝福。罗布岗其他人家也都每年举办一次卓库节，我们也依次盼望着参加他们的仪典和节庆。

规模大得多的一个节日，是普那卡宗堡一年一度的双神节，它会吸引区内各村的人，甚至远及拉雅的人。节日的头一天，我们的母亲会把我们的衣服和首饰摆放好——花数月功夫织成的精美基拉，巨大的珊瑚、绿松石和天珠串，那都是家里祖传的——然后我们会穿上彩排，外婆会仔细打量我们。"你们得把最好的状态拿出来。"她会这样说。"没准你们就在双神节上遇上你们的心上人了呢。"这倒的确是我们家的一个传统——我的祖父祖母就是在普那卡双神节第一次相遇的，我的父母也是。

第二天一早，我们就出发去普那卡宗堡，一路下山，要走两小时。我们的马匹不仅驮着我们野餐的美味佳肴，也驮着给僧人们的食物，因为我虔诚的乌加德姆外婆有很多僧人朋友。在垫着芭蕉叶子的大竹筐里，乌加外婆装满了红米饭、风干的猪肉片、辣椒小萝卜炒牛肉、鲜嫩的黄瓜和一种拌了酥油和糖的炒米点心。木制容器中盛满了酪乳和辛查——一种用小麦酿制的含少量酒精的提神饮料。到了普那卡宗堡，我们立刻就会到家里的僧人朋友们为我们预留好的地点。整个宗堡里都挤满了看客，所有的人都热切地盯着别人穿戴的衣服和首饰。

普那卡双神节是在阴历正月（通常是阳历二月）举行，场面很热闹，既有盛大隆重的宗教仪式，又有令人眼花缭乱的骑马和射箭比赛。在请求神灵保佑的祈祷和仪典之后，会重演一场历史上不丹军队与入侵的西藏军队进行的战斗。1616年，当夏仲·阿旺朗杰离开他在西藏的驻锡地来到不丹时，他带来了最神圣的大慈大悲观世音菩萨雕像，安放在普那卡宗堡一个特别的经堂里。1639年，大批藏军进入普那卡，要收回这尊像，但是，多亏夏仲用了一连串妙计，以少胜多，把藏军赶走了。一开始，藏军细作远远看到一长列显然望不到尽头的不丹士兵，装备精良，列队走出宗堡——他们不知道，那其实就是同一小批人，从宗堡里列队出来，兜个圈子，从一个隐蔽的后门重新进入宗堡里，然后再从前门出来。这使藏军以为夏仲的军队很有实力，他们在人数上甘拜下风，这其实远远不是事实。第二个计策同样成功——一天晚上，西藏人暗中监视，看到一个肃穆的行列走下河里，在这个行列殿后的是夏仲本人，他背着一个匣子，把它扔进河里。看到

[普那卡] 节庆中普那卡宗堡的乌泽墙上悬挂起夏仲·阿旺朗杰像

这个场景的西藏人确信,那珍贵的雕像已经被扔进了河里。藏军掉头就跑了,相信那神圣的物件再也追不回来了。那神圣的大慈大悲观世音雕像,当然还安然放在普那卡宗堡的宝匣中,而且一直留在那里(见第八章)。

这些景象每年都在普那卡双神节上演,气势壮观而热烈。由一队吹着号角、双簧管,敲着鼓的乐手做前导,穿着绚丽夺目的中世纪战服的男人们装扮成夏仲的勇士,大吼着在宗堡里进进出出,伴随着令人悚然的战斗呐喊"杀—杀",挥舞着长剑,同时骑兵在通往宗堡的桥上来回驰骋。双神节结束时,是色达——由杰堪布(不丹国师)率领的盛大僧人游行,他们抬着一个匣子,穿着豪华的仪典僧袍,戴着僧帽,缓缓走下坡到河边,在那里,他们把一个匣子和一些柑橘浸入河水之中,象征性地再现战胜藏军的一刻——一些比较大胆的观众之后会得意洋洋地把柑橘捞上来,作为神圣的纪念物。

年复一年,普那卡双神节的盛大壮观从来都令我们着迷(今天还是如此),但是最值得回味的是1969年的双神节。一个扮演勇士的人在走出宗堡时被他的长剑绊倒,从宗堡的正门前很陡的台阶上滚下来,血肉模糊地滚到最下面一层,我们正站在那里。坐在正门上面一个窗户边上的不丹王储探出身子,查看究竟。我们姐妹的位置恰在窗户下面,很有利,我们清清楚楚地看到了王储。那是我们第一次看到他。他真是太英俊了。

塔罗寺一年一度的本节,紧接在普那卡双神节之后,规模比双神节小,但是更有亲和力,虽然是一个重要的宗教仪典,但也是一个寻欢作乐的场合。罗布岗全村都会怀着兴奋期待的情绪前往塔罗,家家都带着足量的午餐。从罗布岗到塔罗,一路上山,要走一个钟头,沿途需穿过浓荫的橡树和松树林,风景很美,小路蜿蜒曲折。我们所走

[廷布] 年节的宗堡里观看表演的村民

的路线，一路都长着野草莓和覆盆子，在塔罗附近高高的山坡上，是迎风招展的经幡。

塔罗坐落在一个神奇的山顶上，看上去很巍峨。雄伟的宗堡式寺庙耸立在一大片平地上，周围是宽阔的绿色草坪，高高的柏树围住草坪。寺庙中的殿堂尽是宝物。在这里我想引述英国访问者约翰·克劳德·怀特的一段描述，他是英国在锡金的行政官，1905年来过塔罗。他要是描述今日的塔罗，也会一样出色：

在普那卡时我去了一趟塔罗寺，千辛万苦地爬山爬了三个小时才到。这个寺院领地是一组很有魅力的小巧的两层楼建筑，带有雕梁画栋的廊道散落在整个山坡，每一个小楼都各自有个有花有树的小庭院，随处都有经堂，或是装饰过的塔，或是佛龛，以打破单调。

以森森松柏为背景的大庙，主宰了这里的景色，但是更高处的装饰华丽的已故法王静修所，恰好形成了整个建筑群的王冠。大庙中，有很多经堂，都是一尘不染，通风良好……

引人关注的物品，首推两座盛放着两位夏仲大师骨灰的大银塔。它们镂刻精美、珠光宝气，宝石多为绿松石。已故法王用过的仪典法器，也保留在这里，是不丹最上乘的金属制品的优秀典范。

柱子和宝座华盖板上的雕刻非常出色……一个祭坛前的一根象牙有八英尺半长，而且还有大量的刺绣和贴花的经幡收藏；事实上，整个建筑中都布满了珍宝。

我们到塔罗以后，就去给罗布岗村民布置一个地方，在寺庙西草坪上面的一个山坡上。我们会坐在松树的树荫下，看宗教舞蹈表演，那是本节不可分割的一部分——壮观的黑帽舞净化大地，祛除妖邪，

[普那卡] 宗堡正门陡峭的阶梯

[廷布] 戴着动物面具的舞者

杀死灭佛的郎达玛王;极具戏剧性的金刚鼓手舞由12位戴着动物面具的男性表演,那是庆祝宗教的胜利;高贵的莲花生大师跳着八变舞;还有很多别的舞。在舞蹈和诵经交替的间隙,我们会欣赏阿嚓拉们令人愉悦的滑稽表演——那是穿着小丑服装的男性,他们会让所有的人对他们的笑话、常规的打打闹闹和模仿发出一阵阵的爆笑,没有一个人笑不出来,就连高僧喇嘛也不能幸免。阿嚓拉为冗长而庄严的诵经和仪式提供了一个受人欢迎的映衬,让人们,尤其是让孩子们,不感焦躁。本节结束时,以夏仲·阿旺朗杰为中心人物的巨幅丝织唐卡会展示出来,覆盖塔罗的整面西墙。我们会在唐卡前祈祷,接受他的祝福,然后回罗布岗。

但是欢庆还会继续好几天。本节一结束,罗布岗和塔罗的村民就会进行一年一度的射箭比赛,这是一种愉快而又严肃的对抗。村民们把这个比赛的胜利看做是来年好运的征兆,而失败则被看做不祥之兆。罗布岗和塔罗一家主办一场比赛,如果两个队都各胜一场,那就再举办第三场一决胜负,第三场比赛在哪个村举办,由箭手们相互达成一致意见而定。每一方都会有一个由女性歌舞者组成的支持团体,她们的目的是通过她们的歌唱,转移对方箭手的注意力,那些歌不是嘲讽就是奚落对手,或者干脆把他们逗笑。我父亲是一个神箭手,我们都很喜欢构成射箭比赛氛围的那种技艺的展示,那种悬念,还有那些挑逗和笑话。

让我记忆犹新的是1961年的一场比赛,那时我才6岁。我闭上眼睛,祈愿我父亲的箭命中140米外的靶心。这是决定胜负的一箭,我父亲为罗布岗赢了那场比赛。人们给他披上丝绸,戴上胜利武士的帽盔,把他抬上一匹白马,耀武扬威地围着射箭场游行。

第三章
马背上的旅途

1962年初，我和妹妹次仁彭姆开始接受正规教育，就在辛楚格嫫寺的草坪上新开办的那所学校。学校是一个竹子搭的窝棚，盖着油布做的顶棚，不挡雨。雨季的时候，雨水会涌入这唯一的教室，把我们淋得透湿，我们还得继续坐在位子上，在我们的石板上吃力地书写拼音。比这所学校更令人难忘的是我们的校长，一个帅哥，讲起英语来一口英国腔，因为他在英属印度的寄宿学校受过教育。他总是在讲桌上放着一根木棍，哪个学生不听话，或者不专心听讲，他就拍打一下地面。我非常小心，不会不听话，也不会不专心。

1963年，我在罗布岗无忧无虑的童年时代行将结束。父亲决定，把次仁彭姆和我送到靠近印度—不丹边境的印度城镇噶伦堡的学校去念书。两年前，他已经把我姐姐贝达和哥哥桑加送到了那里。祖父祖母外公外婆对我们依依不舍，但是父亲劝他们说，以英语为媒介的教育，对他所有孩子的未来都是至关重要的。为我们上路做的准备没有花什么时间——没什么行装要带，我们需要什么，就在噶伦堡买。我们出发的那天是早春，天气晴朗。我至今还酸楚地记得外婆乌加德姆凄然站在我们家的草坪上向我们挥手，直到看不到我们为止的情景。知道外公桑杜罗布至少会跟我们多待一阵，才觉得好受一些——他要陪我们到我们旅途的第一站，首都廷布。

到廷布的马背旅途，是沿着一条很明确的驮道，要走将近三天。它带着我们穿过松林，来到塔罗下面的拉嚓卡村，然后在齐科里山口翻过纯粹的悬崖——那是一段又陡又险的下坡，很多旅人和马匹在那里摔落悬崖而亡，掉在下面的河里。从齐科里，我们继续前行到禅达那，那是个神圣的地方，就在那里，15世纪的疯癫圣僧竹巴衮列从西藏射出的一支箭，落在一户人家的台阶上。我们在那里停了一会，歇歇脚，看看在托贝萨附近一户人家的经堂壁龛中精心保护下来的那个台阶的一部分。父亲告诉我们说，竹巴衮列的那支箭，已经被放进廷布河谷登古寺的一座佛像里。

每当我们走到一段特别窄的驮道，或者要过桥时，外公或父亲就会要次仁彭姆和我下马，安全地引我们过去。即便如此，我们在旅途的第一天还是经历了一次险。在穿过一个树林时，路看上去很安全，次仁和我被抱上一匹马，牢牢绑在马鞍上，确保我们不会摔下马来。突然，那马看到一棵烧过的树黢黑的树墩，受到惊吓，开始狂奔。马鞍滑到马肚子下面，我俩还绑在马鞍上。我们头朝下地吊在马鞍上，吓得要命，在马狂奔着穿过带刺的灌木丛时，我们被严重划伤，流了不少血。多亏了父亲运气好，他以超人的努力，及时追上并控制住了那匹马，我们才没有伤得更重。剩下的路我们都是步行，一直走到卢米萨瓦的宿营地，我们在那里度过了第一夜，围着篝火露天而睡。

第二天一早，太阳还没出来，我们又上了路。外公桑杜有各种巧妙的办法让我们在一整天的长途跋涉中情绪高昂。我们刚刚开始因疲倦和口渴而烦躁，他就会把黄瓜和柑橘藏在前面的树丛里，让我们去找。他会用一根竹条熟练地整出一个小小的人形平嘴乐器——那会让我们乐上好几个钟头。他还把竹干刻成笛子，高高兴兴地听我们吹出刺耳而不和谐的曲调。

[多曲拉山口] 第四任国王的王后阿熙多杰·旺姆在2003年前为出征的国王和军队祈福发愿修建的108座佛塔。

我们第二天旅途的最后一段，是攀登多曲拉山口。这段路的景色美不胜收，森林里鲜红和粉色的杜鹃花开得正盛，还有乳白色的木兰花、瑞香沁人心脾的香气扑鼻。森林里的地面铺满了春花——鸢尾花、海葵、象牙红，路边长满了大片淡紫色的报春花和深紫色的鸢尾花。经过前一天的小小厄运，父亲和外公一直在我们身边走，握着马缰绳，并且一直给我们讲据说是住在那些森林里的天使、魔鬼和妖精的传说故事，逗我们开心。我们会注意看哪些花最美丽，就去采下来，献给下一座路边的佛塔。外公会提醒我们，绝不要献淡紫色的报春花——它们被看做是不祥之物，因为它们长在一年当中的春荒时期，那时候人们都吃不饱。我们还从他那里知道了我们写经文的纸为什么要用瑞香草的皮来做——它不仅经久耐用，而且不招虫蚁。

当到达位于一片青松林中的玉色庞营地时，我们已经累得在马鞍上坐不住了。但是就着篝火做的热腾腾的美味晚餐的香气——猪肉炖小萝卜，配上米饭和外婆独门的红辣椒酱——很快就让我们恢复活跃。在马背旅途期间，经过一天的骑马和走路，围着篝火的这一个钟头永远都很神奇——坐在有无数星星的夜空下，每个人都会放松下来，讲故事、唱歌、说笑话。

旅途的第三天早晨，我们骑马经过壮观的辛托卡宗堡，这是夏仲·阿旺朗杰于1629年在不丹建的第一个宗堡。父亲叫我们摘下帽子，向这个圣地表示敬意。这座宗堡占据了整个一座山，是依山脊的自然轮廓建的。父亲告诉我们，廷布已经不远了。我们骑马涉过溪流，经过稻田，还经过一座山上被茂密树林包围的大寺庙。父亲告诉我们，那是长岗卡寺。午后，我们到了一大片布满沼泽的地方，叫做长力米塘。那里有一座塔，旁边有几个窝棚，不远处还有一座大宗堡——这就是1963年的廷布。我们在长力米塘过夜，从那里我们要在次日继续

与不丹一起成长 ❋ 马背上的旅途

上：[廷布] 辛托卡宗堡
下：[蒙加尔] 曲折的山路

前往噶伦堡的旅途，不过改乘汽车了。和不丹大多数人一样，我和妹妹还从来没有见过汽车。事实上，我们也从没见过任何用轮子跑的东西——平板车、马车、自行车之类，都不适合我们崎岖的山地。出门旅行，所有的不丹人都靠马、骡子或者他们自己的双脚。我们走过的通往廷布的公路，是作为不丹第一个五年发展计划的一部分，由印度帮助修建的。这条路的建设，是从廷布和与印度西孟加拉邦交界的山脚城镇庞措林同时开工。路还没竣工，印度制造的一辆威利斯吉普型客车就到了廷布，那是不丹的第一辆载客汽车。它从平原开到了从庞措林开通的路段终点。然后，人们把它拆了，一点一点地运过陡峭的山口和狭窄的山路，运到从廷布开通的路段起点，再重新装配好。廷布到庞措林的公路在工程上很了不起。它全长184千米，从海拔150米经过一系列急转弯的盘山路，陡然上升到2350米。1961年以前，从孟加拉平原到不丹山地的旅途至少需要一个星期的艰苦跋涉。我父亲和罗布岗走过这条路的其他人经常会数叨它的艰险——永远包着楚卡的浓雾、毒蛇，遍布茂密森林的蚂蟥和蚊子、熊、豹和成群野象的攻击（野象群会把所有挡道的东西踏过或连根拔起，包括旅人们搭建的竹棚）。1963年，这条路就投入使用了，不过有些地方还很狭窄，而且一遇滚落的石头或滑坡就很危险。

第一辆威利斯吉普到廷布时，引起了一番轰动。廷布年长一些的居民很喜欢讲人们最初见到它的故事。他们第一次看到汽车开动时，因为车灯闪亮，马达轰鸣，有些人还以为它是吸火龙，会把他们都吞噬。还有人拿来牛饲料喂它，因为这个奇怪的畜生要拉这么重的东西，跑这么远的路。还有一个故事说，不丹颇受尊敬的内务部长利翁波·塔米·贾加尔，一个直爽而讲求实际的人，告诉司机只用一档，把一档都用完，再用二档和三档。

我自己看到这辆车的第一反应就是恐惧，恐惧它的庞大，它的噪音，还有它令人作呕的汽油味。我十分不情愿地爬上车，和妹妹及几个表亲挤在后边，前往噶伦堡。父亲给了我们一些柑橘皮，让我们闻，缓解晕车。到庞措林的那几个钟头异常漫长，好像没完没了，我努力压抑着我的恐惧，因为我深信那辆车会滚下公路，滚下山坡，或者我们会被滚落的山石砸死。路上经过滑坡时，我们就得下车，攀援着爬过落下的巨石，到滑坡的那一边换乘另一辆车。到庞措林时，已是半夜，我们就在一块稻田旁边露营。这个地方现在已经成了那个城镇的中心，就是雷龙酒店的所在地。

第一次乘汽车旅行，就像是一种火的洗礼，和我们从罗布岗到廷布那三天快乐悠然的旅程相比，第一次汽车旅行是一次梦魇之旅。但是，到庞措林这184千米公路的驱车，又好像是一次到一个新的星球的旅程，让我们见识了一个此前一无所知的全新世界。回顾那次旅行，我认为它是我们生活的一个转折点——把我们从中世纪时代的罗布岗一下子带到了20世纪。我们是最早几批到印度去接受教育的不丹儿童。在20世纪50年代末，不丹政府日益相信教育的力量，便开始敦促人们送子女到印度的寄宿学校去上学，接受现代教育，学习英语。政府官员被派到全国各个角落，寻找聪慧的适龄儿童，慷慨提供奖学金，鼓励父母把孩子送出去。一开始，不丹的精英们利用他们所有的影响力，确保他们的孩子留在国内，用不着去受在那时看来似乎很恐怖的走向未知旅途的辛苦。结果，自相矛盾的是，这场教育革命的第一批受惠者，成了老百姓的孩子——农民和村民的孩子。就我们家而言，他们是主动送我们进入了印度出类拔萃的寄宿学校——我父亲一向都是有远见的人。

从庞措林，我和次仁彭姆及我们的表亲又走了一天的路，才到达

[帕罗]不通公路的地方,至今人们依然靠驮畜搬运生活用品。(David Kinsale/摄)

噶伦堡。我对噶伦堡的第一印象，就是那里很嘈杂，人很多，广播很刺耳，小贩们喊叫着兜售他们的货物，汽车喇叭乱响——对在罗布岗长大的人来说，耳朵实在有点受不了。在罗布岗，我们听到的响声，仅仅是寺庙的铃声、祈祷者的诵经声，还有就是雄鸡的啼叫声！在几天的时间里，我们经历了一系列意想不到的新体验——汽车，电灯，还有最神奇的电影院，那里银幕上的影像都奇妙地动着！

在等候办理一间较好的学校——大吉岭附近科松镇一个小村里的圣海伦学校——的入学手续时，我们住在阿加莎大婶旅店，在圣菲洛米纳学校走读。次仁彭姆和我都不会说英语，但是我们在圣菲洛米纳学校很快就能够结结巴巴地讲点尼泊尔语了。我对阿加莎大婶旅店记忆最深的，就是经常感觉饿。我们的大姐贝达那时已经是圣婴女中的住校生，虽然才11岁，却以照顾饥饿的小妹妹为己任。她会到路边一个叫宝菊的老妇人小贩那里赊来土豆咖喱和面饼，然后，如果她不能及时还账，就要花很多时间和精力跟她躲猫猫。我们的哥哥桑加在葛兰姆博士家园学校就读，距离我们旅店大约5千米。他也常常感到饿，贝达在假日时也给他送食物去。

到噶伦堡5个月之后，我们才被圣海伦女校录取，这所学校是由十字女修会的修女们在19世纪建立的。我进入圣海伦女校的过程实在是很有戏剧性。我们一到那里，就被带到饭厅，那里刚刚拖过的地板还很湿，椅子都倒放在餐桌上。我穿着一条新的印花连衣裙，很为那条花裙子而自豪，我尽量做出若无其事而且自信的样子，穿过那个大厅。我在湿滑的水门汀地板上打了个滑，扑通一声摔了个仰面朝天——在我们不丹人看来，在开始一样新鲜事的时候，发生这种事可是不祥之兆。果然，我没在圣海伦完成我的中学教育。

圣海伦的生活和罗布岗大不一样，但是我们调整得很快，小孩子都是这样。和阿加莎大婶旅店相比，生活条件近乎奢侈。我和次仁彭姆被安置在幼儿宿舍，那时我们还是一句英文都不会说。我们太想念我们的爸爸妈妈、爷爷奶奶和外公外婆，还有我们在罗布岗的家了！幸亏圣海伦极有规制的生活让我们没有什么时间郁闷发愁。这所学校是一栋漂亮的两层楼建筑，有山墙，幼儿、低年级和高年级三级宿舍在二层楼排成一长溜，楼道每一侧都有通风廊道。每个学生都有一张床，一个小衣柜，柜顶放一个脸盆；每个宿舍用的床单颜色都不一样。在宿舍区的尽头，是一长列带间隔的澡盆——我们每周洗两次澡。浴室的旁边是通往阁楼的楼梯，据说阁楼上还闹鬼。我在那里的时候，圣海伦有180名住校生。修女有美国人、爱尔兰人和德国人，她们严格但不失慈爱，我对她们都记忆犹新——校长是泽维尔嬷嬷，负责医务室的是艾琳·露西嬷嬷，掌管餐厅的是伊万娜嬷嬷，照顾我们学校孤儿院的是达米恩嬷嬷。

在餐厅，姑娘们分成三组——"素食组"、"牛肉组"和"羊肉组"。不丹姑娘都在"牛肉组"——很不幸，因为炖到发黑的牛肉引不起人的食欲，混沌的肉汤也很难下咽。学校不许我们浪费食物，并常常提醒我们，世界上还有"亿万人在挨饿"，所以我就偷偷用餐巾纸裹着牛肉块，把它们带出餐厅扔掉。直到今天我还是不能吃炖牛肉。另一个原因是，我盼望着的是下午茶——下午茶的面包特别好吃，我喜欢面包，我们想吃多少片面包夹黄油，就可以吃多少，还能就着我们从镇上买的咸菜。次仁彭姆更爱吃面包夹黄油，她曾经创造过一次吃16片的纪录！

圣海伦的学生分成四家，每家有自己的颜色——圣海伦(黄色)，圣乔治(红色)，圣大卫(蓝色)，圣帕特里克(绿色)——四家在体育和学业上为拔得头筹而竞争激烈。我是圣帕特里克队的成员，不大擅长

与不丹一起成长 ❋ 马背上的旅途

上：[加萨] 加萨中心小学6年级教室
下：[布姆塘] 清晨上学路上的少女

体育，但是我为我们这一家赢得英文、历史和地理的大奖作出了自己的贡献。事实上，我很欣赏圣海伦的学习氛围。有一个叫德维卡的女孩，一向是班里的佼佼者，但是第二的位置向来是克雅和我来争。在低年级，我们都得学孟加拉文和尼泊尔文，以后我把印地语作为第二语言来学。我现在遗憾的是，没有宗喀语的老师——学校有十多个不丹学生，理当有一个宗喀语老师。我最喜欢的老师是Y.费尔南德斯小姐，她和她妹妹H.费尔南德斯小姐穿着颜色不同的细跟高跟鞋和最好看的连衣裙。我每天早上都盼望着在晨会上看到她们，她们总是穿得那么美，喷的香水那么香。

我还热心地参与学校的戏剧表演，不过令我失望的是，分派给

[加萨] 边远地区的学校里，孩子们的三餐由学校供应，既保证营养，又促进入学率。

我的总是男性角色。我曾经扮演过伦敦市长，留着白胡须，身着白斗篷；还有一次我演穿着印度服装多地的农民。而次仁彭姆总是扮演妩媚的女主角，在学校合唱团唱女高音。我们兄弟姐妹9人中，只有我的姐姐贝达、妹妹次仁彭姆和索南以及我的哥哥乌颜，遗传了我们母亲的优美歌喉。

学校每星期放一次电影。1965年，我上二年级时，第一次看了猫王埃尔维斯·普雷斯利的片子。那真是一见钟情，一直到现在我都是他的粉丝。1972年我在纽约麦迪逊广场花园第一次当面见到他时，就好像梦想成真一样。1977年他去世时，我身穿丧服，去廷布的国家纪念碑点燃了酥油灯，为他离去的灵魂深深哀悼。有时候，学校也准许我们去镇上的电影院看电影。给我印象最深的一部电影是《阿拉达纳》[1]，由拉杰·肯南和莎米拉·泰戈尔主演。这部电影里的许多场景，还有《心里的火花》[2]中的很多场景，比如小火车从西里古里沿着盘旋的铁轨突突缓缓爬上山等，就是在附近的大吉岭拍的。这当然让我们更亲切地认同那些明星，我还试图模仿他们讲话和穿着的方式。我很喜欢的一个演员是季纳·阿曼，我觉得她简直就是光彩照人，优雅而时尚到了极致。

在圣海伦与世隔绝的世界里，另一种激动来自看到附近两所学校——格萨尔斯和道黑尔学校——的男孩子们。我们的空闲时间，多半花在坐在一块叫"面包加黄油"的平台(因为它靠近餐厅和厨房)的板凳上。从这里看男孩子们的学校，视野很好。格萨尔斯的"山羊们"会过来和圣海伦的"母鸡们"相会，大家就会激动地推测，哪只"山

---

[1] Aradhana，印度宝莱坞1969年出品的一部电影。——译注
[2] Mere Sapno Ki Rani，印度宝莱坞1997年出品的电影，又名《啊，想念你啊!》。——译注

羊"会看上哪只"母鸡"。虽然我们在"联谊会"时可以和男孩子们跳舞，但是嬷嬷们会严厉而警惕地盯着我们。我不知道"山羊"和"母鸡"们的初恋有没有结成正果的。

每个星期天，嬷嬷们会允许我们从学校的小糖果店买食品。父亲给我和妹妹一人留了80卢比，是我们每年在校9个月的零花钱。我们每个星期天花5卢比，买一块吉百利的桔子巧克力和五星巧克力、一包口香糖，外加一袋热乎乎的烤乌鳢鱼绰绰有余。星期天还意味着必须上教堂做弥撒——圣海伦女校的天主教嬷嬷们坚持要这样，并且坚持要我们饭前做祷告，饭后要感恩（不过为那么难吃的炖牛肉还要感恩也太难为人了）。我们不久就把天主教这套仪轨全学会了，多年以后，当我参观（印度）果阿的仁慈耶稣大教堂时，在圣弗朗西斯·泽维尔的墓前屈膝致意，并且念出恰当的祷文，令陪我参观的神父们很是惊讶。

虽然我去做星期天的弥撒还足够兴致勃勃，但是我绝对不情愿在万灵节[1]去当地的墓地。嬷嬷们会在暮色中带我们到那里去，为亡故者点上蜡烛。墓地的气氛是怪异的，我禁不住会想到躺在6英尺地下的那些躯体正在分解。我认为，我们自己火葬的传统对死者要尊重得多。1970年11月，在万灵节之后不久，在那个学期的最后一天，我有过一次所谓的超自然体验。除了来自加尔各答和不丹的学生，其他姑娘都回家度寒假去了。我半夜起来上厕所时，看到靠近通向那个闹鬼阁楼的楼梯处，有一个没有面孔的家伙，穿着黑袍，戴一块怪模怪样的尖顶头巾。我吓得尖叫起来，跑回寝室，匆忙地敲打空空如也的储

---

[1] All Souls' Day，天主教的万灵节，在每年的11月1日。——译注

物柜。主管宿舍的嬷嬷听到骚动,过来查看出了什么事。我讲述了我的所见,她看上去吃了一惊,幽幽地说,好几年前,嬷嬷们就不再戴尖顶头巾了。然后,她让我们都跪下来祈祷。在不丹如果发生这类事情,我们就会贡上一些吃的喝的,来安抚这位久已故去的嬷嬷那不安分的灵魂。

对学校另一个不愉快的记忆是接种日。年复一年,我都会藏在"面包加黄油"平台附近的洗手间里,但是终究还是被发现了。我被拖到卫生所的库玛大夫那里,消毒水的味道混杂着疫苗的味道,让我难受得要命,我的肠胃也因恐惧而痉挛。库玛大夫是一个慈祥的老头,他会耐心地哄着我几秒钟不动,好给我打防疫针。从那之后,我对打针的恐惧感从来也没有消除。

圣海伦女校里我最喜欢的地方是圣母圣地窟,在它四周有被精心管理着的可爱园子,长满了香豌豆、天竺葵、金鱼草、雏菊和一丛丛玫瑰。我经常去那里一睹圣母宁静安详的面孔,在考试前,或者在踏上回罗布岗家过寒假的长途旅程前,去得到她的护佑。在寒假前,我们会高兴地数着日子看还有多少天放假。不丹政府在噶伦堡设立了一个办事处,照顾在大吉岭地区各寄宿学校所有不丹学生,我们也会快乐地结伴上路,挤进前往廷布的班车。在廷布,外公桑杜会带着堆成山的家里自制的食品等着我们,带我们骑上马,沿着熟悉可爱的小路穿过森林,翻过山路和悬崖,回到罗布岗老家。

1969年,连接廷布和普那卡的公路已经建成,此时旅程变得容易多了——从普那卡到罗布岗,我们只需要徒步或骑马走最后三个小时的路。我们到家时,正好赶上卓库节。我和姐妹们会在卓库的歌舞表演节目中添加一些新的东西。我们穿上印度服装,演出了若干从宝莱坞电影里学的东西和在学校里学的一些英文歌曲,受到罗布岗人的热

[廷布] 冬夏迁徙的人们现在可以沿公路走一段,过去一星期的路程缩短一半以上。

烈欢迎。在我们参加卓库和罗布岗其他人家的喜庆活动,重温我们的友情和对这个和睦亲密的社区的归属感时,假期就飞快地过去了。

  在我们离家上学的那些岁月,我父母亲的生活有了改变,这也折射了不丹整个20世纪60年代发生的变化和发展。为了增加家里的收入,保证家庭的未来,我那富有冒险精神的父亲在廷布的长力米塘开了一家商店,他是在这个新首都第一个开商店的人。他卖的东西有布料、服装、化妆品、烟草和厨具,顾客是城里快速增长的人口,他也为不丹军队供应配给物资。然后,当政府开始在第一个五年计划期间推动农业发展时,他在离廷布18千米的洪索买了一块地,开了一个苹果园——他在这方面也是开拓者。1968年,他买了一辆印度造的马辛德拉吉普,大大方便了他的生意,拉着他的大家庭到处跑,也用来做出租车。此时廷布的建房热潮给了父亲灵感，他在廷布开了一个锯木厂，后来又在庞措林开了一家，那家锯木厂现在还在运作。所有的这些创业投资都表明，他的眼光很超前。

每当假期结束，回到圣海伦女校那种严格管制的世界，告别我在罗布岗的外公外婆和祖父祖母时，我都很难受，我假期的大半时光都是和他们在一起。1969年假期结束后，就在我们要离开廷布前往噶伦堡时，得到了外公桑杜罗布因突发心脏病在罗布岗故去的消息。为我们放牛的尼玛发现他倒在炉台边。他去世两天后，我们收到了他寄给我们的一包裹食物——他一直到临终，都是这样惦记着我们。

回到圣海伦以后，我开始越来越感到静不下来。我会在嬷嬷们的客厅附近看金鱼池里的金鱼，看它们在小小的水池里一圈又一圈地转，我也开始有同样的困惑，觉得圣海伦是个既受呵护又受束缚的世界。20世纪70年代，在圣海伦呆了7年之后，我离开了它，回到庞措林，我父母亲开始在那里过冬，并照看他们在那里的锯木厂。我很快就学会了开我父亲那辆车，练车就在锯木厂旁边的那个直升机停机坪。不到一个月，我就开着车上了噶伦堡，去看我的妹妹们，还让我的母亲和姐姐贝达搭乘。我真不知道谁更勇敢，是坐我车的人呢，还是我？因为到噶伦堡的路蜿蜒曲折，就连大吉岭地区最鲁莽的司机，即使是有经验的司机，也视这段路为畏途。但是会开车了，要体会自己在车里可以飞起来，到远方去探险，就给了我在圣海伦一直向往的那种自由感。我的天地更加开阔了，无垠的地平线在向我招手。我的世界在20世纪70年代突然变得和我母亲成长的那个世界有天壤之别，而我也曾在那个世界，在罗布岗，度过了我的童年。

第四章
成为圣地的房子

这些年里,我的弟妹们也离开了罗布岗,到印度上学。虽然我们生长于斯的那个老家还在那里,但是我们谁也没有再回去长期居住了。随着外公桑杜罗布在1969年故去,和罗布岗最重要的一个纽带扯断了,4年之后,我的祖父也去世了。

到了20世纪70年代中期,时运把我们家带到首都廷布定居,我父亲已经在那里的纳加措岭盖了一栋大房子,就在吉格梅·多杰医院上面。1979年,国王选定娶我和三个妹妹,婚礼不事声张。这也是不丹的传统,在不丹,婚礼都是家事,不搞任何公众的庆典。我们的婚姻也许是实现了一种历史命运——把国王的家族和不丹已故的精神主宰夏仲·吉格梅·多杰结合在一起。这肯定实现了我父亲的祖父所作的一个祷文,我们全家每年都要在卓库节背诵这段祷文。这段祷文是献给长寿女神次仁玛的,请求她满足他的愿望,让他的后人中产生国王。

公开的婚礼直到9年后才举行。1988年10月,为了响应公众越来越高的要求庆祝的呼声,我们在普那卡宗堡举行庆典,全国人民都可以来参加。而就是在那里,我们在10年前第一次看到国王。主持庆典的是不丹国师和我们最受尊敬的精神导师钦哲仁波切。当时,我们总共10个孩子中有8个已经出生,他们都参加了婚礼,听起来够让人困惑。全国各地举行了三天庆祝活动,跳舞、竞技、欢宴,每个不丹

[普那卡] 在1988年那场婚礼的23年后,已成为王太后的阿熙多杰·旺姆(右,本书作者)与妹妹阿熙次仁·央敦(四位王太后中的三妹,第五任国王生母)参加第五任国王的婚礼。

人都应邀参加。正式婚礼之后不久，国王就做出了一个把历史的错误纠正过来的勇敢决定，夏仲·吉格梅·多杰于1931年在塔罗惨遭暗杀之后，没有一个不丹国王过问此事。1988年，国王决定，由他来打破这个禁忌——他的孩子成了遇刺夏仲的后裔，他还要去塔罗，和它名叫塔罗加普的强大保护神讲和。此举令僧侣团体和大臣们非常惊愕，他们很担心打破禁忌的后果。

在准备这次重大旅程的时候，我心里也充满了不安。塔罗保护神的坐骑是一头象，我们订制了一对很有气势的金属象，外面包着宝石。这对象在我们到访的前一天送到了塔罗，作为国王的礼物。那天下午，我梦到一位身着西装，头戴礼帽的先生，个子高高的，微笑着站在我的床头；夜里，我又做了一个梦——这次是一个英俊的僧侣，站在从罗布岗通向塔罗的那座山的山顶上，招呼我跟他走。我从小就听到许多故事，说塔罗加普有时候会装扮成穿西装戴礼帽的先生出现，有时候又会扮成僧侣出现。我认为我的梦是表示我们第二天访问塔罗的吉兆。

20世纪80年代中期，到塔罗还没有公路，所以第二天一早，国王、孩子们、我的妹妹们和我，还有我的父母，开始沿着古老的小道上山，那条小径是我们小时候经常走的。雨下得很大，我们的马匹在湿滑的红土路上一个劲打滑。马匹驮着给塔罗加普的礼物，其中有一对完好的巨大象牙。每匹马要5个人又推又拉，让马和所驮的宝贵货物在湿滑的路上直立不倒。我们一行想必很招眼——一长列的人和马，浑身透湿，还在奋力往山上爬！当塔罗寺进入我们的视野时，太阳出来了，大雨变成毛毛细雨，我们把它看成是祥和的"花雨"。

到达塔罗寺后，国王径直进入塔罗加普的内殿圣所，在里面呆了一个钟头，我们其余人则在前厅等候。(在大多数寺院庙宇，护法神有他们自己的内殿圣所，称为贡康，即护法神殿。护法神往往是勇武的形象，他的贡康中挂着铠甲、盾牌和武器。贡康不允许妇女进入，这是不丹罕见的对妇女的限制。）

每个保护神都有一个吉祥数字——塔罗加普的数字是18。按照习俗，要在他的神殿掷骰子，每个人掷出的点数表明面临着好运还是厄运。国王在塔罗掷骰子时，他得到的点数是再好不过的。我们把这看成是一个标志，就是在不丹国王和"塔罗王"之间，终于建立了和平，持续了50多年的破裂，终于得以弥合。由国王委托打造的一尊光彩照人的夏仲·吉格梅·多杰镀金像，随后隆重地从廷布运抵塔罗，沿途都有民众对塑像顶礼膜拜。不丹历史以及我们自己家族历史上的悲伤一章，终于有了一个皆大欢喜的结局。

罗布岗的房子此刻已经空置有些年头了，1997年，我父母决定把它交给他们最大的孩子，我的姐姐贝达。她决定好好把它翻修，打算把更多的时间花在那边。1999年，我们都回到罗布岗，房子已经翻修好，准备搞一个竣工典礼。1997年的时候，一条土路车道已经通到罗布岗。从罗布岗到廷布的这段旅途，我小时候要走上三天，如今开着四轮驱动汽车，只需三个小时就到了。我父母和我乘着舒适的丰田陆地巡洋舰离开廷布的时候，心中充满对往事的回忆。1963年我们在上学的路上露营的沼泽地长力米塘，到20世纪90年代已经成了一个繁华的城镇中心。在山上俯瞰廷布河谷的长岗卡寺，不再为茂密的森林所环绕；它脚下的水稻田也不见了，取而代之的是车水马龙的街道、购物中心、旅馆、公寓楼、房屋、办公楼，甚至还有个高尔夫球场。

自20世纪60年代初以来，我父母的生活也有了很多变化。我父亲从罗布岗的农民、骡贩子和牲畜贩子，相继变成廷布和庞措林的店主、果园农场主和木材商人、普那卡的建筑承包商和酒店老板和在全

[普那卡] 等待向新婚的第五任国王与王后致敬的僧侣们

国各地拥有分号的建筑代理商。他的人生轨迹折射出这30年来不丹的许多新机遇。很难想象,我们是在一个没有汽车和公路,没有电,没有电话、银行、邮政和流通纸币的世界里长大的。

陆地巡洋舰毫不费力地翻过了多曲拉山口,飞驰着经过我们过去在玉色庞和卢米萨瓦的宿营地、齐科里山口的陡峭山崖和高居公路上方的塔罗寺。从达兴岗(旌旗山),就看到我姐姐的房子了。它看上去很漂亮,很有节日气氛,所有屋檐都挂着连串的彩色布经幡,准备次日的庆典。

门前已经立起了一个巨大的迎宾木牌楼,用鲜花装饰着,通向屋后的停车场。这是我们过去的麦田。在房子的西草坪上,一面高高的经幡旗在晚风中飘扬,那里是我们敬爱的外公桑杜罗布火化的地方。

三顶镶着彩色嵌花图案的白色帐篷已经在草坪上搭了起来，这是为第二天要来的客人们准备的。露天的茅厕不见了，但是它周围的无花果树看上去倒是枝叶繁茂。

原来外婆乌加德姆主宰一切的底层宽敞厨房，如今已经很难认出来了。有五个灶眼的烧柴土灶没有了——现在那里是煤气灶、电冰箱和电饭锅。由高压线铁塔翻山越岭送来的电，是1997年通到罗布岗的。但是，那天晚上贝达招待我们的晚餐，复活了同过去的联系——她继承了我母亲和外婆的拿手菜和她们的烹调技艺。毫无疑问，这一家做的菜，仍然是罗布岗最棒的！我过去洗衣服的带围墙的院子还没有变，那时我是用草木灰和皂苷子揉搓衣服，不过现在可没人再在那里洗衣服了——家里新买了一个大洗衣机。我父母的储藏室给改装成了一个豪华的浴室，有热自来水、浴缸和冲水马桶。

楼上新加了整整一层。大理石楼梯取代了又旧又陡的木楼梯。三层楼上我父母的卧室间的隔断被打通了，变成原来的两间房那么大。现在那里有一张大号双人床，当晚我要和她们一起睡在那里，因为家里从廷布来的亲戚朋友太多了。

我们三个人那天晚上早早就告退去卧室了。这房子给我们大家的联想都太多了，我说不清对贝达的翻修作何感想。我母亲向来是个讲实际的人，她不太沉湎于过去，而是以新的好奇心和精力度过每一天。此刻她声称，她很高兴见到贝达对房子的改造，并把它变得很舒适，这让我们都会更经常地回到罗布岗，带着我们的孩子，在那里过些日子。母亲当然是对的——贝达让这所房子又有了生气，也随之复活了我们和罗布岗的联系。

夜幕降临，我向窗外望去，看到村子沐浴在百盏电灯泡的金光里。山下墨黑的山谷里，舍尔纳和旺杜波德朗闪烁着，就像一千颗星

与不丹一起成长　※　成为圣地的房子

[廷布] 不丹家庭中的经堂，通常设在房屋的顶层。

星。父亲母亲已渐渐入睡。父亲的手机放在他床头的桌子上充电，就像一个图腾，一个符号，象征着就连罗布岗这样一个与世隔绝的小小山村，现如今也和大千世界联系到了一起。罗布岗现在有一所社区学校，有60个学生，三名教师；还有一个初级卫生站，为村民们提供初级医疗保健，为孕妇做产前检查；有一个护士，也是受过训练的接生员；有一个农业畜牧推广站，帮助农民采购新型种子，改良牲畜品种，采用种植新技术。罗布岗一个家庭的平均收入如今是一年5万努[1]，通过卖蔬菜、水果、多余的稻米和粮食赚得。一辆汽车每周来一次，把这些农产品带到普那卡的库鲁塘镇。

---

[1] 不丹货币，与印度卢比大体等值(一元人民币约值9努)。——译注

村里只有一个人有汽车,人们主要还是靠徒步行走。就连家在罗布岗的61岁的塔罗县县长,也要常常在普那卡的区首府和塔罗县之间徒步来回,那些陡峭的上山路他只需走三个小时。自从1997年修了那条公路之后,人们就不再买马养马了——现在只能看到一匹退役的老马在村里游荡。

通往普那卡宗堡下山小径的下面,我们有块地,用来做猪圈。虽然它是在村子外面,但是它离村中心只要步行几分钟。当我们一年一度的卓库节临近时,我们家就会宰一头猪,招待客人,罗布岗其他人家过卓库节时也是如此。我整个童年最怕看杀猪。我会跑到树林里藏起来,把耳朵捂上,不要听到猪濒临死亡时的尖叫声。我非常感谢杰廷里亨珠国师,他退休后定居在罗布岗,在20世纪60年代末禁止了这个习俗。

罗布岗的萨察或旗房只剩下9栋了,它们突出的露台具有鲜明的当地特色,就像旗杆上旗子的轮廓一样。这是一种让人欢欣的建筑特色,为罗布岗所独有。其他萨察房现在都被改建成比较现代的盒式风格,不过它们还保留了传统的木雕过梁和窗框。用圆石镇住的灰色木片瓦屋顶,大都已为瓦楞铁皮所取代——当然是更实用也更结实,即使不那么美观。穿过整个村庄的美丽的古老木水槽,很可惜,也没了,取而代之的是管道自来水,水龙头一拧就来了。

两座寺庙——措拉康和辛楚格嫫拉康——仍然是罗布岗的中心。两座寺庙都经过重新翻修,很是漂亮。措拉康那尊脸上带着神奇麻点的镀金佛像,似乎获得了一种甚至更为宁静更为祥和的光环。辛楚格嫫拉康的主要形象是长寿女神次仁玛的一尊精美塑像,她骑着一头雪狮,周围是她的四个姐妹,每个人都骑着自己的动物——一位骑马,一位乘龙,一位驾鹿,一位驱虎。我们家向来特别供奉次仁玛女神。

罗布岗的人相信，村里的姑娘凡是到辛楚格嫫寺向她顶礼膜拜的，就会找到出类拔萃的夫君。在这方面，我和妹妹们作为罗布岗的女儿和次仁玛的信奉者，确实无可抱怨！

清晨3点，从经堂传出的洪亮的祈祷声就把我吵醒了。贝达家屋的竣工典礼已经开始了。经堂用祭祀朵玛、唐卡和数百盏酥油灯装饰得很美丽。在经堂举行祭拜仪式之后，就该由家人和僧人围着房子转屋了，边走边祈祷住户的福祉和好运。罗布岗全村的人都在场。其实他们一天前就在那里了，帮助我姐姐筹备宴席，搭帐篷，装饰房屋，照应宾客。

女人们开始唱歌跳舞时，我那有着美妙歌喉的母亲担任了领唱，仿佛时光倒流回到了20世纪60年代。儿时众多熟悉的面孔都在那里——那些仍旧在从土地里讨生活的人，时刻准备向他们的邻居伸出援助之手，他们欢迎一年一度卓库节的热情丝毫不减；他们让传统民歌和仪典生生不息；他们都能很快接受和适应现代科技带来的舒适和便利，却一点也没有丧失欣赏乡村生活田园诗般的朴实快乐的能力，也没有丧失接受其挑战的能力。

正是多亏他们，以及散布在全国各地乡间小村中其他像他们一样的人们，不丹的独特文化、对精神生活的深深尊重、与大自然和各种自然力的密切共融以及家庭社区间的强大联系，才得以存活并繁荣。

第二部分
我们这样生活

[布姆塘] 强巴拉康是不丹最古老的寺庙之一,相传是吐蕃赞普松赞干布所建。每年11月的强巴拉康年节,吸引了四方的村民前来观礼、祈福。(Yeshey Dorji/摄)

第五章
圣域的风景

在我故乡罗布岗村寺庙的墙上，有两幅迷人的壁画，差不多存在于不丹每一所寺院、庙宇和宗堡里，在很多私人住家，也都可以看到它们的不同版本。一幅壁画是关于四友的寓言，另一幅的主题是六寿星。

四友表现的是大象、猴子、兔子和小鸟，像演杂技似的，一个歇在另一个的头顶上，站在一棵果实累累的树下。这个寓言讲的是，虽然大象强大有力，却需要敏捷的猴子帮助它够到树上的果实。不过，寓言还讲到，如果小鸟没有在一开始吃了果实的籽，然后把它排泄出来丢到土壤里，那儿就根本没有树；而要不是兔子保护并哺育树在地下的根系，那种子也长不成大树。大象、猴子、兔子和小鸟也分别象征着四种人类生境——大地、空气、地下和天空。寓言强调的是合作的美德，以及各种大小生物和所有自然力在自然界循环中彼此之间的联系和相互依存。

六寿星表现的是一种田园风光——一位宁静的老人坐在一棵结满丰盛果实的树下，身旁是鹿和一对黑颈鹤，一条清澈的小溪汩汩穿过一个壮观的山岩，滋养着万物生灵。它的寓意是：长寿与和平的秘诀在于和大自然及它所营造的万物亲密共融，和谐相处。

不丹及其原生态的环境，在南亚颇有些另类。和我们相邻的其他

[普那卡] 宗堡壁画四友图　　　　　　[通萨] 宗堡壁画六寿星

国家，森林枯竭，河流被污染，动植物物种在灭绝，空气浑浊。相比之下，在不丹，森林覆盖率实际上却增加了——森林覆盖了全国72%的国土面积。稀有的全球濒危物种，如老虎、雪豹、犀牛、喜马拉雅小熊猫、黑颈鹤、棕颈犀鸟和虹雉，在不丹都有保护地，它们在那里蓬勃地生长着。从德里、加德满都、达卡和曼谷等地飞过来的游客，对不丹第一个强烈的印象就是纯净的空气和清澈的河水。

不丹被命名为世界十大生物多样性热点地区之一，拥有200种哺乳动物和770种鸟类（其中包括世界上72种最濒危的鸟类）。全国生长着5000多种植物，包括近50种杜鹃花，几十种野生兰花和传说中的蓝罂粟这样精美的花。自然保护何以在不丹如此成功，我认为，答案就

野生叶猴（Yeshey Dorji/摄）

在于作为不丹文化根基的精神和宗教的价值观，造就了我们与我们的环境之间的关系的本质。它们也强烈地影响了不丹的发展规划和优先选择。如我在前言中解释的，绝不允许以牺牲环境为代价来发展经济和工业，也不允许以牺牲环境为代价来从事商业活动。为了保护不丹的生物多样性，国家公园和保护区面积占到不丹国土面积的26%，即使这些地区当中有一些蕴藏着宝贵的矿业和金属资源。

佛教对众生的尊敬深深植根于我们的信仰和行为中，非常强有力地制止了为狩猎或觅食而杀生的行为。只有在自卫的情况下才允许猎杀动物（如我父亲在我们罗布岗家的园子里杀那只熊时的情况），或者是在放牧牦牛的部落所居住的高原上的严苛环境里。在那里，因为让牦牛生存的食品不足，只好把老得拉不动车、驮不动货物的公牦牛定期宰杀。应该承认，在其他任何情况下不得杀生的禁忌也产生了问题，比如我们城市中心的流浪狗泛滥，还有野猪和熊祸害庄稼和果园，给农民们造成了很大的困扰。这都是我们有待解决的问题。

对树的尊敬——其实是敬重——也深深植根在我们的心里。每个不丹人都知道，佛一生中的四大事件都发生在树下，他在兰毗尼的出生，他在菩提迦耶的悟道，他在鹿野苑的森林里第一次讲道，以及他在拘尸那迦的涅槃。我们罗布岗村后有一片森林，社区的规则和惯例确保了那里的树木不会被肆意砍伐。比如，倘若有人盖房需要木料，村里会集体做出决定，他需要多少木料，只许可他砍那么多树，多一棵也不行。之后马上就要栽上新的树苗来取代它们。对我们可以从森林中拿什么，不可以拿什么，也都有明文规定——我们可以放牧、采集落叶和饲草、捡拾食用菌类和蘑菇、采药材、捡拾干树枝做柴禾——不许超过我们的需要，因为佛教也教导我们要有节制。所有的人还知道，在我们的水源地周围生长的树，绝对不能砍伐。

不丹佛教的一个独特之处是，它吸收了很多早期苯教的做法，苯教非常相信万物有灵，这灵性不仅浸透了树木和森林，也浸透了山脉、河流、湖泊、岩石、山洞和其他带有神力的自然形态。

国外的读者，可能会对我有关湖神山神，或者圣徒、天使和魔鬼留下印记的岩石洞穴的描述不屑一顾——这些描述遍及本书，读者会以为这都是想入非非。但是对不丹人来说，这些圣域的风光是实实在在的。我们相信，如果搅扰或者污染了这些地方，就要遭天谴，遭报应，不是生病、倒霉，就是闹水灾或者收成不好。因为越轨影响的不仅仅是个人，而且是整个社区，所以同伴之间的压力也增加了执行这些规则的手段。

因此，是我们的宗教信仰、社会价值观和风俗习惯的结合，加上我们以农业为主的社会的民间集体智慧，帮助遏制了有害生态的做法，使得不丹人与他们的自然环境之间的关系如此亲密和谐。典型不丹人的天性就是非常欣赏野生的自然美，一个不丹家庭最高兴做的事情，就是去一处也和圣人或神有关的风景名胜——那是一种欢快的野餐与庄严的朝圣的神奇结合——假日里，他们会跋涉几个小时，走到这样的地方。下面，我要介绍四处这样的圣域风光，那是我特别喜欢的地方。

从普那卡到名叫豪客措的神秘大湖，徒步要5个小时，这是一个非常受敬重的本地神措姆，即湖泊女神的居所。豪客措的周边，一侧是森林，其他几面是长着星星点点野花的草地，那真是一个美不胜收的地方。前不久我们全家还在这里度过了一个难忘的周末，庆祝国王的生日。

从普那卡到豪客措相对来说容易一些。徒步小路从斯日岗开始，那里距普那卡宗堡是半个小时车程，沿母曲河溯流而上。前两个小时的路，是蜿蜒陡峭的上坡路，直到走到尼尔博塔寺，那里有一棵古老的神圣橡树。我建议游客在这个神奇的地点歇脚一小时左右。相传尼尔博塔周边曾经是一片茂密的森林，住着鬼怪。有一天，15世纪备受尊敬的疯癫圣僧竹巴衮列来到这里，当时，所有的妖魔正聚在一起开秘密会议。他把一截燃烧的木头投进会场，把所有的鬼怪都烧死了。据说那棵大橡树就是从竹巴衮列所扔的那截木头上长出来的，令人迷惑的是，它的树皮仍然是深暗的焦棕色。住在周围村子里的百姓非常崇敬这棵树，我学着他们的样子，也剥下一小块树皮，作为护身符带在身边。

竹巴衮列的后裔们把这个地方作为他们冬天的家，他们夏天的家则在廷布河谷的巨大城堡登古寺。连接尼尔博塔和登古的驮道仍然维持得很好，经常使用，这样从廷布经辛楚拉山口过来的徒步小路

[廷布]登吉寺是不丹最重要的佛学院所在地 (David Kneale/摄)

上：[廷布] 用卡车装载放生牦牛去高山草甸
下：[加萨] 马匹仍然是不丹山区主要的交通和运输工具。

一路上也是风光无限。(我曾经用了一整天走这条路——走了13个小时，走得倒是不太费力，不过我还是建议悠着点，在途中露营一夜，欣赏森林和野花的美。) 尼尔博塔寺建于18世纪，是个知名度不高的瑰宝，有一尊宏大的弥勒佛 (未来佛) 像，还有竺巴系高僧大德们的精美塑像。

从尼尔博塔开始，前往豪客措的路就是缓缓上行了，经过的风景是几百年都没有变过的——由夯土和木料盖的漂亮的古老村舍，精心管理的水稻田和放养的奶牛点缀其间的草地，接着就是茂密的橡树和玉兰树林。突然间，在小径的一个转弯处，湖出现了，令人叹为观止——巨大的一片深绿，折射着森林的色彩。在海拔2000米的高度，豪客措按不丹的标准就是大湖了——围着湖转一周需要整整一天。它的岸边林木繁茂，有很多小小浅湾，也有很多关于住在那深不可测的湖底的措姆女神的传说。这个湖有一种浪漫和神秘的光环。附近小村卡别萨的村民给我们讲了一些故事，说听闻有人失踪后，他们用祈祷和礼品讨得措姆女神的欢心，几个星期后那些失踪的人又重新出现。人们相信跟着她一起在水下的，有可爱的美人鱼和一头凶猛的黑公牛，这头牛有时会冒出来，和卡别萨的母牛交配。

我们很在意要以合宜的方式开始我们的访问，先以崇敬之心把鲜牛奶倒进湖里，作为对措姆女神的奉献，然后才在湖岸边坐下来野餐。在午后的阳光下，湖面披上一层金黄的色彩，插在山岩间杆子上的经幡猎猎飘扬，水边的芦苇摇来摆去。鹧鸪在灌木丛中沙沙作响，八只水鸭滑行而去，鱼在水中跳跃，三只鹰在看着它们。我们可以看到远处不丹北部高原的鲁纳纳山的雪峰映衬在晴朗的蓝天下，我不由想到这个湖的美与鲁纳纳的冰川湖是多么不同，它们就像镶嵌在鲜明风景中的璀璨珠宝。夜幕降临，鸟儿都飞回家歇息了，豪客措在银色的月光下，看上去有如起了皱的深色天鹅绒，一闪一闪。国王上一次来这里，还是30年前上小学的时候，在他看来，豪客措一点也没变，只是湖里的鱼和水鸟更多了。

然而，有过一个短暂的阶段，人类的活动威胁到湖周围宁静无瑕的环境。若干年前，豪客措开始吸引大群的人，他们在湖边庆祝一个一年一度为期三天的宗教节日。他们会带来雕工精巧的朵玛酥油雕、铃和钹，他们祈祷和诵经的声音会在水面回响。晚上，他们会点上一种叫卡米斯的土灯，放在小木板上，任其在湖面飘荡。这样湖面就好像有上千个闪动摇曳的火苗。这个宗教节日尽管美丽而动人，但是当时的不丹国师(67岁的杰堪布)还是做出了一个睿智而富有远见的决定。他认为这些盛大的宗教集会，加上随之而来的噪音和垃圾，亵渎了豪客措湖及其神灵的圣洁，于是宣布终止这个节日。如今，这个湖泊女神的神圣居所又像处女地一样了。

不丹南部萨姆奇区的浪子穴就不像豪客措这么容易接近了。那是一个巨大的山洞，可以容纳一千人，也许是我所见过的最不寻常的天然奇观。不丹有数百个山洞，因为圣徒高僧在那里修行过，而成为特别的圣地，也因为这些连带关系，它们周边的地区也有些像小小修行所，被住在附近的社区小心翼翼地呵护起来。在这些遗址中，浪子穴由于和莲花生大师有关而最受尊崇。我2003年才有机会去浪子穴，当时我徒步去萨姆奇区，去访问当地最偏远的一些村庄的百姓。

从小镇乘马日出发，第一天的行程把我带到了拉姆吉和葛楚村——那是一段让人筋疲力尽的陡峭上坡路。路上，一匹驮着食物的马滑下山去，掉到100米的山沟里，摔死了。我只能庆幸它不是一匹坐骑。这阴郁的一天能让人开心起来的事，就是我有机会了解到我的两位了不起的旅伴——管理这个地区高腾苏巴县长和他的夫人米娜塔帕,真是很厉害的一对夫妇!风风火火的米娜已经有了三个小娃娃,她每只耳朵戴了五个耳环,头发扎成一个活泼的马尾。一路上,她和她丈夫边走边给我们介绍情况,逗乐子。

在葛楚过了夜之后,我第二天一早就攀登积雪覆盖的德奥拉里山口,后半晌的时候抵达夏尔巴人的优卡村,村里似乎在我到达之前就已经开始节庆活动了——他们在表演迎宾舞的时候,没有一个能站得很稳!从优卡村走不到一小时,我们就到了浪子村,全村有27户人家,我在那里过了夜。和我通常访问偏远地区时一样,我一晚上都和村民们聊天,看看他们有什么特别的问题和需要,陪我们一道来的医生这时就给那些需要医疗保健的人看病。我看到一位71岁的老太太,脖子上有一个很大的甲状腺肿块,至少有1.5千克重,我就问我们可否带她去医院,把肿块割除。没想到的是她却不领情地反问:"干吗?这东西挂在我的脖子上我都活了这么多年了,我死了也要把它带走!"这是浪子人典型的暴躁脾气,他们要非常辛勤地劳作,才能在陡峭山坡上的地里谋生。

次日一早,我动身去浪子穴。巧的是,那天正是莲花生大师的诞辰日。下山的路走了一个半小时,把膝盖都走得酸痛,才到达那个山洞,但是一到那里,我的疲劳一扫而光,满心敬畏。山洞入口的山岩是红色的,状似火舌——村里人解释说,这个现象神奇地表现出大师本人化身为多杰卓雷的形态(也就是莲花生大师被熊熊烈焰包围的形态)。在那个吉祥的日子里,朝圣者从不丹各地前来浪子。在洞口的一个临时祭坛前,我们一起奉上祷文,点燃了做在空心竹筒里的酥油灯。然后,我戴上一顶硬礼帽,举着一个火把,进入浪子穴,那是一个庞大安静的洞穴,确实可以容纳千人。但是这还不算完——在洞穴的后部,有一个狭窄的隧道,我按捺不住要去探险。我匍匐着爬过这

[塔希央奇] 贡可拉寺建在河边的大黑岩上。

个狭窄潮湿的通道,通道两侧的岩石造型很像佛塔,然后进入了另一个巨大的山洞——甘多玛(天使)洞。

尽管数百年来朝圣者一直来浪子穴——我父亲20世纪30年代就在这里呆过一个星期——但是这两个洞穴的一尘不染还是令我惊异,人的活动一点也没有把它们弄脏。无论浪子穴是由古代地质巨变造成的,还是由莲花生大师的神妙力量创造的,它都发散出一种看不见力量的强大光环,既有自然力,又有神力,凡是去那里的人,都不能不被它所触动。

位于塔希央奇区贡可拉的巨大黑山岩，风景要柔和得多。这是不丹东部最神圣的遗址之一，从塔希冈镇沿公路走只需20千米，这个神圣的山岩位于一片宁静绿洲中的一条河的岸边，绿洲里是繁茂的树木、稻田和香蕉园。相传莲花生大师降服了为害这个地区的一条恶龙，把它变成这个山岩。山岩上依然留有那次激战的痕迹：龙的身体和大师帽子的印痕。

据说莲花生大师还把一个舍钵———一个盛着长生水的花瓶——藏在了山岩之内，人们相信，在非常难得的场合和吉祥的日子，可以看到圣水从山岩的一个裂缝中滴出来。我们全家有一次去朝拜贡可拉，围着这山岩转着诵经时，看到水滴下山岩，你们可以想象，我有多么兴奋。我们简直难以相信我们的好运，这时我们看到一个人提着一桶水藏在山岩的缝隙里——原来是我们的国王，他的精神信念是建立在合理的思想上的，他利用他家人的轻信来开了这小小的玩笑！

贡可拉一年一度的本节时，有三天时间，这个宁静的地方一下子变成了热闹的临时市镇，而本节一结束，它又一下子消失得无影无踪。在乱哄哄的人、牲畜、帐篷和竹棚之中，来自遥远的东部河谷梅拉克和萨克腾的半游牧的牦牛牧人，还有他们来自达旺[1]的近亲，显得特别突出：他们戴着独特的五角黑帽，身穿红色上衣和鹿皮外衣（见第十三章）。本节期间，有面具舞表演和专门的诵经，牲畜、纺织品和手工艺品的交易也很活跃。在本节，善男信女连夜围着山岩和邻近的寺庙转——很多浪漫的关系也是在这个时候确立的。在遥远的不丹东

---

[1] 原文是"印度阿鲁纳恰尔邦的达旺"，因中国政府不承认印度侵占该地区或设立此邦的合法性，故去掉。——译注

达帕是不丹人喜爱的餐具和盛器,往往价格不菲。

部腹地与世隔绝的小社区里生活的年轻人,到贡可拉的本节来,实际上就是想找到一个伴侣。

在贡可拉本节交易的物品当中,有一种特别精美的手工艺品,是塔希央奇的特产———一种有光泽的木头盖碗,叫达帕,上菜用的,我们不丹人对它们比对最精致的瓷器还珍惜(在廷布每周一次的周六集市上有时也可以看到这些达帕)。达帕是用树干上长的纠结的毛瘤或其他这类异常生长物做的,而树上的这个部分质地异常的好。做达帕最好的树种是红枫或白枫。根据传统的信念,用这样的达帕吃东西,不仅有利于健康,甚至还会抵挡食品中有毒或者被污染的部分。最珍贵的达帕会作为一种地位的象征被人自豪地展示出来,也会作为传家宝得到珍藏,这样的达帕,纹理表现出一种猫头鹰羽毛似的图案;同样

[旺迪] 用家酿的青稞酒款待客人

宝贵的还有那些带马牙和竹叶图案的达帕。做达帕的木头,是在二三月间从森林里细心采集得来,经过特殊处理之后,要风干4个月,然后用一个脚踏车床打造成型;接下来是用山黄麻叶来打磨盖碗,如同天然砂纸般,它能把盖碗表面擦得比丝绸还光滑;再用野漆树的叶子费力地抛光,给达帕以奇妙的金子般的色泽。制作达帕的整个过程,反映了不丹众多百姓对林产品的熟悉,也反映了利用这些资源的可持续做法,所以对林中的神是没有冒犯的。

要看不丹丰富多样的动物、鸟类和植物,最好的去处也许就是王家玛纳斯国家公园了。据说这是整个喜马拉雅地区生物多样性最丰富的地方,也是生态保护的一个样板。它有348种乔木、400种灌木和草本植物(许多都有很高的药用价值),还有9种稀有兰花。动物

棕颈犀鸟 (Yeshey Dorji/摄)

群落有45种哺乳动物，包括老虎、独角犀和金叶猴；350多种鸟类，其中有稀有的棕颈犀鸟、玉带海雕和红胸山鹧鸪。这个神奇的森林王国面积1000平方千米，统治这里的是两位强大的本地神，特瓦拉加和德瓦拉加，它们的城堡就在俯视公园招待所的一个山上。人们对它们的敬畏和崇拜确保了所有这些动植物的领地不受干扰，它们才得以繁荣生长。

王家玛纳斯国家公园的延续地带，就是印度的玛纳斯老虎保护区，是联合国教科文组织确认的世界遗产（玛纳斯河为两者的分界线）。玛纳斯跨越不丹南部的两个区，即萨旁和萨姆德鲁琼卡尔，距不丹西南的山脚城镇庞措林有七八个小时的车程，要穿过印度的平原。我们经常走这条路，特别是在孩子们小的时候。为躲避几天廷布冬天的寒冷，我们选择在这温暖的气候中享受一次田园诗般的天伦之乐。我们乘船过河进入公园之后，就爬到大象的背上，沿河缓缓走到招待所。这所迷人的木头房子还是第三任国王在位时建的，它天蓝色的天花板上画着金色的星星，花园往下伸展到河边，还有个沙滩。现任国王[1]童年的寒假也是在这里度过的。

我们到达招待所后做的第一件事，就是举行一个庄严的仪式，为玛纳斯神特瓦拉加和德瓦拉加祈祷。这个法会由国王的老仆人阿塔多夫表演，很有戏剧性。他会在草坪边缘的一棵大树下点燃酥油灯，摆上丰盛的供品，以洪亮的嗓门背诵祷文，总是逗得我们嗤嗤暗笑。

每天早上，我们在鸟儿的鸣唱声中醒来，汩汩流淌的河水和草坪上自得其乐的孔雀都令人心旷神怡。上午多半是骑着大象到林中探

---

[1] 即不丹第四任国王，吉格梅·森格·旺楚克，已经于2008年卸任。——译注

险。从这样高的瞭望点，我们可以伸手去够兰花缠绕的树木，在金叶猴们从一棵树跳到另一棵树的时候，欣赏它们勇猛的飞行动作，看它们吃林中的果实，舔紫荆花树那些嫩美的紫色花朵的蜜糖。玛纳斯是能够看到这种美丽的金毛黑脸动物的极少几个地方之一。另一个让我们怦然心动的景象，就是看到双角犀鸟，听着它们沙哑的叫声在林中回荡。探索玛纳斯草原同样令人激动——我们在那里看到过老虎和犀牛，还有成群的野象、水牛和鹿。

招待所前面的河岸也是我们会逗留数小时的地方，感受水面的凉风，看水獭的滑稽动作，翠鸟的耐心警觉，看野牛和大象如何解渴，苍鹭和白鹭则友善地歇在它们的背上。我们会在岩石下面寻找小虾，如果找的足够多，晚饭就会吃虾炒饭。我们所有的孩子都在这里学会了游泳，在我们划着船逆流而上，探索到其他更僻静的河湾和河滩之后，我们对这条河的每一弯每一拐几乎都了如指掌。夜幕降临时，我们会坐在花园里看飞狐，那是一种巨大的蝙蝠一样的生物，双翼展开后巨大。我们也会看双角犀鸟归巢，蛙叫蝉鸣打破了夜的寂静。

玛纳斯国家公园古老的森林里，大小生灵和平共处，使人们熟悉的四友形象活了起来。我们在那里的船夫帕苏兰，似乎是六寿星画的缩影。在我们去那里的20多年里，帕苏兰似乎一天也没有老——就像画里的那位老者，他和玛纳斯的树木、动物、鸟、岩石和清清河水完全和谐共生，人们似乎因此发现了让他长生不老的秘诀。

第六章
顿芒的温泉

不丹人最喜欢的一个消遣，就是泡温泉，特别是在寒冷的冬月。我们除了看重它的疗效，还因为这些温泉所在的地方风景也非常美，去那里和家人度过一周的假期，是非常快乐的事。我从小就去温泉。每当我外公外婆或者父亲母亲开始计划去不丹北部的加萨温泉做他们"一年一度的治疗"时，全家就兴奋地着手准备。大量的风干猪肉、牛肉和鱼都会和鸡蛋、黄油、烤玉米、大米和一桶桶的冲加一起打包，冲加是一种淡酒酿米汤，在池子里泡一天之后，晚上围着篝火而坐时，喝这个最合适。

从我们在罗布岗的家到加萨，徒步要走两天，脚下一直是深深密林中蜿蜒而过的驮道。温泉的氛围和我们最投缘，在那里，每个人都完全放松，没有杂务，没有责任，只需浸入热水里，再就是做饭和吃饭——温泉肯定会让所有的人都饥肠辘辘！小时候，那是我们和远道而来的不同家庭结交新朋友的一个机会，而老人们则会开心地沉湎于交流各自疾病的治疗心得。很多夜晚，大家悠然自得地围在篝火旁，其乐融融。当时我的首选还不是泡在池子里。多年以后，我患了风湿性关节炎之后，才发现温泉的好处真是很大。在不丹中部远离加萨的地方，还有另一处温泉——顿芒。顿芒温泉虽然景色如画，但是位置很险，处在不丹中部谢姆岗区克恒地方一个悬崖的狭窄边缘上。从顿芒温泉的

春季冰川融化引发的洪水，常常冲垮溪流上的木桥。(David Kneale/摄)

池子垂直下落近百米，就是芒德曲河。它会发出有如百万蜜蜂的轰鸣声，奔腾地冲过巨石，流向阿萨姆，在那里与布拉马普特拉河交汇。

20世纪90年代，我被诊断得了风湿性关节炎，有很长时间几乎不能动，非常痛苦。我于是开始按照不丹本土的医疗办法进行治疗，我在本章后半部分会对此做更详细的描述。连续三年，我每天服用九颗药丸，那是用不丹的32种草药以及微量的黄金、珊瑚和其他金属及矿物质制成的。土药大大减轻了关节的炎症，特别是我的指关节和腕关节，但是过了一段时间，炎症再度复发。我甚至请我的医生跟好莱坞电影演员詹姆斯·柯本联系，他就是用一种另类疗法治好了他的关节炎。他非常好心地做出了答复，告诉了我他的疗法。但是我还没来得及一试，就决定去顿芒温泉了。我听说顿芒温泉对我的这种病痛特别有效。公路通到普拉冷，从那里步行一个小时，就到了温泉。到温泉的古老驮道也还在用，是沿着芒德曲河道走的。这条路最近重新翻修了一下，被垫高了，因为有些路段一发洪水就被淹没。因此，现在去顿芒温泉要比几年前容易多了。

顿芒温泉有四个池子，最大的有3米长，2米宽。池子周围的乔木形成了浓郁的绿色华盖，遮住了池子，也提供了保护私密性的屏风。尤其奇妙的是在晚上，泡在池子里，月光会从印度奶油树的阔叶中透进来，在水面上形成银色的反光。热气腾腾的水从周围岩石的缝隙中喷涌而出，通过水槽灌进池子，然后排到下面的河里。

大池子里的水温度最理想，温暖而舒适。但是泡温泉时，放松状态的诱惑也会很危险，因为池子周围的平台非常窄，一步都错不得。若干年前，两个僧人从池子出来，脚是湿的，在池边台子上滑了一下，就栽到下面汹涌的河水中，被无情的流水所吞没，连尸体都没有找到。在雨季，还有其他威胁。从上面森林覆盖的山坡上会有岩石滚落池边，有时候是猴子或者野山羊蹬翻的，曾经砸死过人。有一次，一块巨大的山石正落在招待所的铁皮屋顶上，将其洞穿，掉到客房里——幸运的是，现在这个招待所有了水泥板的屋顶。我本人第二次去顿芒的时候差点遇难——若不是我在公路尽头处把行李从汽车上倒给挑夫和驮畜，准备沿陡峭的山路攀登到温泉那里，耽搁了功夫，我就会被一块掉落的巨石砸得粉身碎骨。那块石头掉下来刚几分钟，我就到了那里，真是运气好，或者说是善报吧。

尽管有这些危险，我还是三次到顿芒，因为温泉彻底治好了我的关节炎。我不再需要每天服用那9粒药丸，其实其他任何药都不需要了。以前验血类风湿因子都是阳性，在我第一次去顿芒之后，就成了

[加萨]喜马拉雅山南坡密集的山谷中,河水湍急。

阴性了。我后来几次去都打了"加强针",确保我的病完全好了。我在顿芒还听说过几十个其他这类疗效的故事,我可以亲自为其中两例做见证——陪我徒步走的一位同伴和谢姆岗高中的一个学生,她过去因为这个病几乎致残而不得不休学。我还知道很多人的慢性皮肤病也在这里彻底治愈。

过去,由于顿芒地理位置偏远,又缺乏接待条件,所以每年来此的人不超过500个。现在,它的神奇疗效经由媒体传播开来,加上交通条件的改善,有了更好的设施,包括招待所和公共厕所,近三年来到顿芒的客人增加了四倍。人们会花上几天的时间从全国各地来到这里,寻求治疗。因为是在陡峭的悬崖上面,所以它扩展的空间很有限,因此当地人在卡姆琼村新盖了一个招待所,接待不断增加的客人。招待所在温泉上面,要走两个小时,路很陡。不过在池子里泡几个小时之后,我敢打赌,再爬那段山路就胜似闲庭信步了!

我第二次去顿芒时,我母亲在加萨温泉做治疗,那是我从小就熟悉的地方。过去从我们罗布岗老家到那里要走两天,很轻松,但是现在公路延伸了,从普那卡只要走一天就到。加萨最好的季节是深秋,雨季期间遍布小路的蚂蟥都不见了,边走边可以欣赏沿路的壮观景色。这条小路是沿父曲河走的,碧绿的河水流光闪闪。18世纪的英国旅人塞缪尔·特纳上尉曾到过加萨温泉,他将沿途的风光,包括深深的峡谷和笔直的峭壁,描述为"最不可思议也是最粗犷的自然形态"。

即使是在11月,森林也很宜人,秋天开花的野樱桃造出片片跳动的活泼粉红,疣鞘独蒜兰娇嫩的紫红从橡树覆盖苔藓的树枝上冒出。从普那卡到加萨的半途,是迷人的果恩当吉村,有着漂亮的石头房子,栽种水稻的梯田一直向下延展到河边。在其中一户人家,夏仲·

阿旺朗杰在他去加萨的路上曾经过了一夜，留下了他造访的宝贵遗迹——一双美丽的缎加皮的靴子，还有他亲手制作的他的影像，送给他的房东。他们的后裔至今还住在同一栋房子里。

另一个引人注意的地方是在果恩当吉的村外，一块垂直的岩石立面，有一个看上去很怪异的三角形开口，用一块石头封住。相传一个女魔头曾经为祸这个地区，直到疯癫圣僧竹巴衮列来到这里，捉住了这个女魔头，把她关在这个岩石里。我要承认，每次我途经这里，手指头都会发痒，想把封闭那个三角形口子的石头打开，看看她是不是还在里面！

在到达温泉前一两个小时，就会看到加萨宗堡，背靠高耸的雪峰，以灿烂的蓝天为背景。从那个距离望去，它好像就在晴朗的空中飘浮，景色实在令人难忘。它由夏仲·阿旺朗杰建于1649年，以保卫和西藏接壤的脆弱边界，后来第悉丹增·拉布杰又进行了修缮和扩建。加萨宗堡是一个建筑奇观，建在山顶上，巧妙地依着陡峭的山势走。尤为独特的是它的三进院落，成阶梯状，一个高过一个。

宗堡的山脚，河水流过，温泉就在河边冒出来。热气腾腾的温泉水沿着水槽流进一系列大池子，每个池子盛着不同泉眼的水，据说每个都有不同的医疗性能。比如，想要治疗哮喘、鼻窦炎和风湿症等等疾病，都有对应的不同温泉。除了它壮观的位置，我喜欢加萨温泉还有一点是因为它恐怕是世界上唯一的专门给动物预备池子的温泉。看着骡子和马泡在它们自己的温泉池里，总是很愉快的事！当地人感到特别好笑的是，外国游客沿着脍炙人口的林芝—拉雅徒步路线到了加萨温泉之后，往往一头就扎进动物池，因为动物池最大，没有动物的时候就空荡荡的——加萨的老乡们又特别客气，不好意思透露为什么那个池子里没有人。塞缪尔·特纳上尉18世纪对温泉的记述说："只

有善良神圣的人才容易感受它的美德，亵渎圣明的人就是到了这里，也无法领略它的效能。"那可能是僧人们为了要把芸芸众生挡在温泉外面而散布的一种迷思吧。如今，半游牧的放牧牦牛的拉雅人宣布温泉是他们的，如果他们想独享温泉，就会脱得一丝不挂，这样其他人就会不好意思地离开了。想独享温泉的老人们也常常用这个伎俩。

和其他温泉相比，加萨温泉以降低血压的效能而著称。我曾经吃了苦头，才发现它降血压是多么有效。我在那里和父母及孩子呆了4天，每天都在池子里泡好几个钟头，之后有一天晚上我躺在我的帐篷里，有一种奇怪的灵魂出窍的感觉——我觉得自己在帐篷顶附近飘荡，看着我自己熟睡的身体。原来我的血压已经降低到了危险的程度，我很可能是产生了低血压导致的幻觉。那天，我不得不被抬上直升机离开加萨。

另一处风景优美的温泉是不丹中部布姆塘区北边的杜尔温泉。杜尔温泉的游人最少，因为全程都要步行或骑马，附近没有公路。从布姆塘首府贾卡，要沿着一条陡峭的小径艰苦地跋涉两天，翻越海拔4327米的贡托拉山口和海拔4550米的迪乌勒拉山口。作为补偿，这一路风景非常美，杜松果和其他针叶树密林覆盖，在春天，沿途的杜鹃树林绝对是风光无限，不丹所拥有的50种杜鹃花，很多都在盛开。路上还会经过好几个可爱的高山湖泊。

杜尔温泉位于芒德曲河的上游，不过人们通常以为它是在查姆卡曲河的源头。和在顿芒一样，在这里也要当心脚下——在池边的藻类生物上滑一下，就会掉到河里淹死。泉水从岩石下面突突涌出，流进八个池子，据说对13种不同疾病有好处。池子的上方有木瓦顶，周围用木板围起。池壁用结晶盐装饰，在阳光下闪闪发亮，暮色中也会发光，在水蒸气的包裹下营造出一种幻境的气氛。在结束去鲁纳纳地区

野生大麻在喜马拉雅山区很常见，被村民割来喂牲畜

晨露中娇艳的花朵

艰苦的徒步跋涉之际，我在杜尔温泉呆了三天，心满意足。我最喜欢的一个池子，单独有个泉眼，在岩石池底下面，水突突往外冒，据说是莲花生大师公元8世纪第一次来不丹时洗浴过的池子。池边的那个大脚印据说就是他的，那个小一点的脚印是他妻子的。在周边地区，可以看到水蒸气从森林里蒸腾，那里还有隐藏的温泉，据说总共有108处。这还有待探查究竟。

对那些不能去温泉的人，不丹有个洗"石头浴"的风俗，提供更近便的治疗。石头浴是在一个木槽里洗，全国各地遍布几十处，都靠近富含矿物质的泉眼。槽的一端有一段隔离出来，放进加了热的石头。药泉的水通过管道流到石头上，把水加热，并将有疗效的矿物质

挥发出来。泡进石头浴，立刻会摆脱疼痛。每个人都有自己喜欢的洗石头浴之处。比如在廷布河谷，可以在德钦普寺后面的石头浴洗，也可以在切理寺底下的石头浴洗。那里已经有木槽了——你所要做的，就是生起火来，把石头加热，石头在附近就可以找到，再用松枝搭起一个小屏风遮挡，然后就美美地泡吧。一位出版社的编辑在曲宗（廷布到帕罗公路的交汇桥处）附近多吉宗的石头浴洗过之后说，它治好了困扰她多年的肩周炎。

　　用天然成分治疗，是不丹传统的组成部分。我们国家古时候名叫"洛琼门龙"，意思是南方药草国，传统藏药乃至中药所用的很多原料，也源自不丹。不丹土生土长的医学体系叫做索瓦日巴，和藏医学相似，它源于8世纪印度圣哲莲花生大师把佛教传到不丹和西藏的时候。因为佛教信仰的一个必要组成部分就是减轻痛苦，所以在莲花生大师的弟子翻译成藏文的文本中，有不少印度医学典籍。它们影响了索瓦日巴医学体系的发展，其后也吸收了中医和阿拉伯医学的内容。

　　根据印度的传统医药学阿育吠陀，索瓦日巴体系采纳了人由三种体液所构成的理论——即气息、胆汁和唾液——它们如果不稳定，就会导致疾病。不稳定的原因很多——像天气、负面的感情如嫉妒或生气、中邪以及一个人过去的作为等，都可以是原因。索瓦日巴借鉴了中医学的诊脉，这比西医对症疗法的诊脉要细致入微得多，它可以检测出身体任何器官的疾病，而不仅仅是循环系统和心脏的疾病。

　　用来做本土药的，有不丹特有的400来种植物，还有矿物和几种动物原料。占不丹本草三分之二的药用植物，通常都生长在海拔4000米以上的高度，包括罂粟花、紫菀属植物、飞燕草、金丝桃，以及稀有而样子奇特的冬虫夏草。(冬虫夏草在中国特别受到珍爱，被认为是一种长生不老药。科学实验现在已经确证虫草有很强的提高免疫力的性能。）就连我们的图像资料也反映了对药草的重视——药师佛展示给人的形象，总是手里拿着一支榄仁。

　　用于不丹本土药的矿物包括黄金、宝石和几种方解石及硫磺，动物原料历来包括一些很怪异的成分，如熊胆、象胆石和"龙骨"（其实就是喜马拉雅高原上发现的化石）。谢天谢地，我们不再用犀牛角或麝香这样的动物原料了，那都是取自濒危物种的——它们都由性能近似的植物所取代了。确实有少见的高寒地区药草，味道闻起来和麝囊一样。

　　这些植物和矿物按各种配方加工搅拌，制成300来种药，有丸药、粉剂、洗液、饮片和汤剂——都是在廷布国立传统医学院以严格的卫生条件和科学标准化的手段加工而成的。这个医学院在廷布有一所医院、若干实验室和一个制药中心，在不丹各地还有十几个药房，对医生有严格的五年培训项目。我们的传统医学对某些病症特别有效，像高血压、消化问题、过敏、风湿、失眠等，对提高免疫力也有帮助。但是它不做外科手术，对许多急性病也无能为力。不过，对本土医生的培训包括能够迅速诊断，患者需要这样，好立即去看对症治疗的西医——比如癌症或结核病患者。

　　的确，不丹本土医学实践的了不起之处，在于它努力把传统医学和现代医学体系结合到一起。因此，假如你得了急性过敏，来廷布传统医学院求医，那里的医生在仔细把脉并查验尿和血之后，很可能会送你去西医院，用抗组胺药开始做一个短期治疗，然后再请你回来，用本土草药丸做比较长期的治疗，之后再泡几天温泉。如果发达国家的西医对基于药用植物和矿物质的传统医学也持同样的开放心态，那可是一件好事。

第七章
"我曾来过此地"

在所有过往仪典中，不丹人认为最重要的是丧礼，因为丧礼不仅标志着一个灵魂的流逝，也标志着它走向重生旅途的开始。丧礼仪典要延续21天，比生日庆典和婚礼更复杂。我们相信，人要走过许许多多重生的轮回。我们不能预言我们将在何时何地重生，但是，一个人下辈子的品质和性质是可以由他前世累积的功德来决定的，至少在某种程度上如此，这包括他是否虔诚，是否悲悯，是否在日常生活中与人为善。最进化的人，是那些心灵特别纯净的人，他们最终无需重生的轮回而得到涅槃。

我们还相信，最伟大的圣徒和精神导师在人们感到特别需要他们的存在时，就会转世。为了让他们的转世得到承认，他们在很小的时候就表现出非凡的天分和才华。我们对高僧大德转世的信仰，是巨大安慰和希望的源泉。

这些，就算是我要讲的两个真实故事的序曲吧。第一个故事是一次亲身经历，任何理性的解释都解释不了；第二个故事则是几年前，对不丹历史上一个备受景仰的人物转世的异乎寻常的发现。

在我年近40岁时，我开始反复做一个梦，每次都会带着一种挥之不去的忧伤从梦中醒来，常常发现自己满脸泪水。我每次都会奇怪自己为什么做这个梦。我梦到一栋三层的不丹传统式大房子，第二层有带顶棚的露台。一个身材苗条、个头有点高的女人，可能年近30岁的样子，站在露台上，背着一个熟睡的学步婴儿。这女人身穿基拉，用一对传统的老式银胸针在肩头别住。她面部的表情是一种困扰的悲伤和渴望，仿佛她在等待什么人归来。在她背后的门廊上，坐着两位妇女，在用原始腰机织布。那房子有一个带围墙的院子，院里的小柑橘树结满了成熟的果实。梦到这里就完结了。在这个梦又做过几次之后，我开始感到我就是那梦里的女人；我甚至体验到她的情感和她的忧伤。在梦里，我还能感觉到孩子的呼吸和他温暖的身子，仿佛我就是那背着他的人。

有一天，我跟父亲讲了我梦里的那所房子，还有那长满柑橘树的带围墙的院子。我问他是否知道不丹种柑橘的地区有符合这个梦境的房子。"你梦里的房子是不是彩绘的？"父亲问。"是彩绘的。"我回答。"那就是舍尔纳兴春的那栋房子。"父亲说，"我去过那里，它和你说的一模一样。"但是我却不相信现实中真有我梦里的房子。

几个月过去，我继续做着同样的梦。然后1993年某一天——我那时38岁——我冲动地决定到舍尔纳兴春看看那栋房子，那房子在离普那卡宗堡很远的父曲河对岸。我穿过水稻田，走一段时间，然后远远看到房子的一角。我朝那房子走去，在一个水推的转经筒边停下，更仔细地打量那房子。我觉得真是不可思议，那房子果真和我梦见的一模一样。房子后面站着一个好看的女人，也许年近60岁了，头发剪得很短，身着尼姑的绛红色僧袍。她看上去很熟悉。"我们以前见过面吧？"我一边说，一边停下脚步跟她打招呼。"不，我们从来没见过。"

右：[通萨] 岩壁上的莲花生大师画像，是电影《旅行者与魔术师》里的外景。

她回答,然后请我进屋喝茶。她告诉我,她就生在这房子里,现在和她儿子一家住在这里。她守寡之后,就当了尼姑,这在不丹并不罕见。

我们上到二楼,我从一扇窄窄的窗户向外望去,看到院子里只有两棵长满树瘤的老柑橘树,挂着几个干瘪的果子。院子的围墙已经倒了,只是墙角的一点还留在那里没有变,其余的碎泥石散落得到处都是。我顿生一种忧郁的感觉。我的女儿索南德琛在我身边,问我怎么了。"那是我梦里见到的柑橘树——怎么荒凉破败到如此境地?"我悄声对她说。

那尼姑去拿了茶点招待我们,并端来酥油茶和藏红花饭。我默默地坐着,试图定下神来,看看我是否应当进一步提问。最后,我还是忍不住问她:"这家里是否有一位年纪轻轻就去世了的妈妈?"她的回答很干脆:"我母亲是31岁去世的,当时我才3岁。"这和我梦里的那位母亲和孩子的年龄相仿。我问她母亲是怎么死的。"她死于天花,那个时代不丹的主要杀手。"尼姑告诉我,她记得她母亲死了大约一年之后,才把她的尸体从坟墓里取出来火化,因为人们认为火化天花患者可能会传播感染。这一切都是50多年前的事了。

梦里背在我背上的那个孩子,有没有可能现在就住在这房子里?我没再同尼姑多说什么,但是请她带我到这房里别的房间转转。我看到了她的孙女们——都是聪明漂亮的女孩。我看到了二层楼上那个带顶棚的露台,是梦中熟悉的场景。现在没有人在那里织布了,但是我看到了固定原始腰机的洞眼。尼姑对我说,她小时候,织布工就在那里干活。只有一个细节不一样——露台栏杆的样子和我梦里见到的不一样。仿佛看出了我的心思,尼姑主动说,前几年把老的栏杆换掉了。

最后,我们上到三楼,来到经堂。我在祭坛前磕了三个长头,然后转身离开,这时我看见一副老式黄铜望远镜躺在窗台上。我拿起望

僧人绘制唐卡

远镜,看看能望到什么,一看竟然吓了一跳。因为在那里,越过那条河,在高高的山上,清晰可见的正是罗布岗——我出生的那个村庄。

我和我前世的那一家告了别——如果他们真是我前世那一家的话——我没有跟他们讲任何我做的梦。自那天晚上以后,我再没有做过那个梦。我没有再回过舍尔纳兴春,也没有再见过那个家庭的任何人。

但是问题却挥之不去。我梦里那位满脸忧伤的妇人是否祈祷过,要重生在罗布岗,那个面向她的村庄和家屋的美丽小村?她是否在她患天花死后20年,确实重生在了罗布岗?那是不是我成了一个现在比我大20岁,孙儿也长大成人了的女人的妈妈的由来?或者说,是不是埋在我潜意识中的记忆,刺激我反复做那个梦?我在梦中所见和我在舍尔纳兴春那个人家的发现，惊人地相似，这能说仅仅是罕见的巧合吗？直到现在，我还是不知道是什么导致了我那神秘的体验，任何逻辑的或理性的解释都解释不通。我只好把这个问题留给读者自己来解释了。

和我这次亲身经历不同，第二个故事并没有多种解释。那是1998年，我们发现了一个小男孩，他满足了一系列严苛的标准，经过了一系列严苛的考验，被正式确认为第悉丹增·拉布杰的转世灵童。第悉丹增·拉布杰是不丹1680年到1694年的世俗统治者，他是不丹历史上一个高耸入云的人物，我们推崇他光芒四射的精神、强大开明的领导和才华横溢的行政能力。他在位的14年间，不丹享有了和平和巨大的进步。他的众多成就之一，就是在帕罗修建了虎穴寺，在廷布河谷重建了登古寺，使之有了现在这种雄伟的规模。这两所寺庙都是喜马拉雅佛教世界最神圣的所在。

我有幸在发现第悉丹增·拉布杰的转世灵童的过程中，起了一点小小的作用。每年不丹国庆，12月17日，国王和他的家人都要去一个不同的地方庆祝国庆。这是他和当地百姓相互亲密接触的一个机会，亲眼看看他们的需要在如何得到满足，评估一下发展规划进展得怎样。

1998年，我们在不丹东部塔希冈区的康隆过国庆。和通常在这种场合一样，国王首先在一个大的公众集会上讲话，之后他和他的家人在招待所与到会的人吃午饭。这一次，国王演讲时，我注意到有一个小和尚坐在主席台上，便好奇他是谁。就他的年纪而言，他格外的气定神闲，举止得体，因为他似乎不过4岁。在招待其他的每个人吃罢午饭之后，我们朝一个竹子围起来的地方走去，那是我们要用午餐的地方，这时我看到那小和尚还独自坐在主席台上。我拉着他的手，把他带到我们的圈地。国王在里面，坐在一把折叠椅上。小家伙松开我的手，径直走向国王。他伸手抓住椅子的扶手，宣布说："我有事告

[塔希冈] 年轻僧人们的早课

诉您。""我洗耳恭听。"国王答道。

"我们以前见过面。您那时很老了,有一把长胡子,而我还很小。"孩子说。国王觉得有趣,便由那小和尚继续说。

"根据您的命令我修建了虎穴寺。"他说,然后又平静地加了一句,"现在我想去登古寺。"

"你为什么要去登古寺呢?"国王问。

"我有东西落在那里。"他回答,"而且,我还要去会我的罗布和乌加。"(后来我们了解到,这是第悉丹增·拉布杰的僧仆和亲密伙伴。)

"这么说,你已经去过登古寺喽?"国王问。"是的——那是很久以前了,是我修建了登古寺。"我们所有在竹圈地里的人都聚拢在周围,听国王和这小和尚非同寻常的对话。他才只有4岁。奇怪的是,他讲的是宗喀语,这是不丹西部的语言,而不是他的母语,即不

[塔希央奇] 贡可拉寺出家的小和尚

丹东部流行的夏错普喀语。

"你爸爸妈妈叫什么名字?"国王问。

"次旺丹增和达玛切丹增。"他回答。(我们事后发现,这不是他自己父母的名字,而是第悉丹增·拉布杰父母的名字。)

这个小和尚会不会是经人调教过,记住了所有这些细节?然而他回答了这些和其他很多问题,那是他不可能事先预料的,他的回答自然而然,很朴实。很快,这个不同寻常的小和尚言行像个老人的事,就流传开来。虽然年龄幼小,他已经患有白内障,视力很差。第悉丹增·拉布杰也是如此,他临终前其实已经双目失明。

这小和尚生于康隆一个卑微的家庭。一天,塔希冈区的大法师来到康隆做法事。这小和尚当时才两岁,就跟他妈妈说,法师没有认出

我们这样生活 ❋ "我曾来过此地"

法王吉美却达活佛杰堪布与第四任国王吉格梅·森格·旺楚克

他来,他很伤心,因为他们过去关系很亲密。然后这孩子非说法师以前是他的书记员,他们彼此很喜欢对方。关于这孩子言行的千奇百怪的故事开始流传,包括他似乎认识第悉丹增·拉布杰以及和他有亲密关系的人的种种细节。

这些报告引起了第70任(也是现任)不丹法王吉美却达活佛杰堪布的注意。在这小和尚和国王见面之后不久,法王便决定对这孩子进行更多的了解。他派中央僧侣团的四位首座僧之一去考察这个孩子。这位高级僧侣是辩经大师,即佛教哲学大师——这是一个很恰当的人选,因为正是第悉丹增·拉布杰在不丹的寺庙机构确立了辩经(或者说哲学辩论)的学科。小和尚从见到辩经大师的那一刻起,就不让他离开自己的视线——他担心大师回廷布去又把他留下,因为他已经决心到登古寺去住。晚上他就在塔希冈的宾馆和辩经大师一起过夜,大师对他非凡的智力和行事的安详沉着印象极为深刻,决定第二天带他去普那卡宗堡,以便让法王本人亲眼见见这孩子。第二天一早,他们上车时,孩子的母亲和姐姐都哭了,但是这4岁的孩子却完全无所畏惧,而是很淡定地和一些陌生人离去,没有一个他认识的人陪在身边。

到普那卡是长途旅行,中间还要在布姆塘过夜,但是好在孩子路上大部分时间都在睡,只是在快到普那卡时才醒来,醒了就问:"你们有没有准备一条带八个吉祥符的白哈达,我要献给杰堪布?"车里所有的人都很惊异,因为他虽然从来没走过这么远,但是却知道他们快到普那卡了,而且精准地知道礼仪要求他献给法王什么样的哈达。因为他们到普那卡时已经很晚,辩经大师便带孩子去他房间歇息。但是孩子马上走到墙上的一幅壁画前,指着上面画的一个建筑,准确地认出来说:"这是洪雷宗堡。"辩经大师吓了一跳——这孩子怎么知道?洪雷宗堡是17世纪的一个重要宗堡,但是现在早已荡然无存。

次日早上,1999年1月25日,小和尚和法王见了面。他按宗教礼仪所要求的所有繁复礼节向法王致意,然后就观看一年一度在那一天举行的萨雀仪典。两位区政府官员也在场,那孩子注意到他们的剑鞘露了出来。"把剑鞘遮住!"他根据17世纪盛行的规定指示他们,但是在20世纪已经没有人再遵守这个规定了。

小和尚在普那卡宗堡待了7天,彻底赢得了法王的心,然后,在不丹年历腊月的月圆之日,他前往廷布——那是一个特别吉祥的日子。在路上,有人问他以前是否走过这个路线。"走过。"他回答道,"但是上次我是骑马来的,不然我这次来也不会这么晕车了"。

在为小和尚去登古寺做准备时,他在我家待了9天。他把庙规也用到我家,提醒我说,天黑之后就不要让别的女人和孩子到我家来

[廷布] 扎西曲宗庭院中，17岁的第悉丹增·拉布杰转世在多杰洛本活佛的陪伴下去参加国王的婚礼。

了。一天，杰堪布到我家来做非正式的访问，我正要请他进客厅时，小和尚却提议，最好先请他去神殿。我们坐在那里时，泽本·旺楚克不期而至。泽本·旺楚克曾经出过家，此时负责虎穴寺的重建工作，1998年的一场火灾烧毁了虎穴寺。小和尚从未见过他，也不知道他的名字。然而这时他却转向旺楚克说："你可要保证把重修虎穴寺的活干好啊。如果你干得好，我会有赏。如果干不好……"他用他的小手做了个手势，清楚地表明，他会给泽本·旺楚克一顿痛打！

在他到廷布之后不久的一天，我妹妹给他看了一帧登古寺的照片，问他认不认得。"当然啦！"他反诘，"但是在这个画面上我没有看到宗卡。"那时候，我们谁都不知道，宗卡是登古寺上面第悉丹增·拉布杰用来静修的那个地方的名称。

登古寺建于1688年，坐落在廷布河谷北端一座密林覆盖的山边。它看上去犹如一个众神的城堡，高耸入云，那伟大的白色弧形围墙在围绕它的浓绿树荫的映衬下，亮光闪闪。巨大的窗户上用精美的木雕彩绘做的窗框，打破了它外立面的质朴无华，而它所围绕的，是一个宽大的石头铺就的院子。带顶的连环拱廊环绕着院子，院墙上画着美丽的壁画，表现的是诸神和高僧大德。一段短而陡的台阶从院子通往各个殿堂和僧舍。

人们总是能看到穿红袍的年轻僧人成群地乱转，因为登古寺现在是不丹主要的佛学院，有200多僧人在这里学习。登古寺所在的那座山，周围都是小小的静修茅舍，一些高年级学生选择在这些茅舍里闭关清修，传统是静修三年三个月零三天。在这期间，他们所见的唯有他们的僧人导师。导师给他们送饭，并注意他们的健康和生活。需要说的是，只有几个人被认为在情感和精神上有足够的定力，可以做这种长期静修——因为在这样长的时间和一个人最内在的自我沟通，而不和其他任何人接触，必定是一件很苦的事。

1999年3月20日，小和尚乘着肩舆被抬到登古寺，我此后就将称他第悉了。一路上，人们在路边列队，对他顶礼膜拜，并见证了我们历史的这一非常特殊的时刻。在到达登古寺时，他在主殿的祭坛前磕了长头，然后作为第悉丹增·拉布杰的转世庄严升座。接下来，他转向登古寺住持昆里嘉城，称他是第悉丹增·拉布杰所信赖的僧仆罗布的转世。他后来还指认出他的另一位密友乌加的转世。小第悉在上登古寺的二楼时，突然停下来，走进一间内室，大呼："我过去就住在这里。"17世纪时，那个房间确实是第悉丹增·拉布杰的卧室。

2005年，是第悉驻锡登古寺的第五年。自从他来这里驻锡之后，电线和电话线就通到了登古寺。他最初由中央僧侣团最高级的僧侣之一辅导，之后，他的第二任经师是一位著名的苦行者萨姆彭杰，他一生都在不丹山中的岩洞里静修。萨姆彭杰起初不大情愿做第悉的经师，但是后来同意做一年——由一位和俗务没有任何瓜葛的人来教第悉，这很重要。

现在他已经10岁，宝相庄严地主持登古寺所有的仪典。他过着简朴的生活，天不亮就起床，开始念经，并在经堂里和仪典中对僧人实行严格的戒规。他几乎每天都要单独进入登古寺保护神贝耀伯的内静修室，和他沟通十分钟左右。他和我第一次见他时一样安详自信，并且还保持着那种快乐的幽默感，只是他现在的讲话里，多了些谨慎，少了点天然。

2005年4月28日，全不丹最神圣的遗产，曾经毁于火灾，历经7年重建的虎穴寺，举行了重修后的开光。庆典由小第悉主持，他就是三个世纪之前最早修建了这所寺庙的那个人的转世灵童。他在这个重大场合的出现，似乎真是神定的。

第八章
宗堡和佛塔

旅游者到达我们国家之后，不丹给他们的第一个印象，也许就是我们独特的建筑。大多数不丹建筑，哪怕是普通的农舍，也和它们的自然环境浑然一体，非常美。它们典型地表现出一种对比例和空间的高超感觉，优雅的斜屋顶烘托出简单的线条和坚固的石工，还嵌有精美的木雕和彩绘。不丹建筑传统最鲜明的表现，就是宗堡和佛塔，那是我们风光中无所不在的特色。

宗堡是高大巍峨的白色石头堡垒，主宰着不丹每一个区的中心。有些宗堡坐落在谷底的要害位置，如在廷布和普那卡，但是它们更经常地看上去好像是"空中堡垒"，雄踞高高的山脊或山嘴上面的战略要地，将周围山谷的全景尽收眼底。突出的范例就是不丹北部的加萨宗堡、西部的旺杜波德朗宗堡、中部的通萨宗堡以及东部的塔希冈宗堡和伦奇宗堡。宗堡反映了不丹生活方式中宗教和世俗的密切关系。它们既是作为防御城堡也是作为寺庙修建起来的，并且仍然是政府部门的所在地，同时又是一个区的僧侣机构的所在地。我们大多数的宗堡建于17世纪，不过也有一些是近年来在新成立的区修建的。

不丹的每个宗堡都有其独特的风格，往往是由其坐落位置的地形决定，不过它们基本上都遵从一样的范式。有好几层高，大体上呈椭圆形，两进或更多的院落，院里铺着大石板。院子周围是柱廊，通向各房间、修院和大议事厅。宗堡中央有一座高高的塔楼，叫乌泽，把院子隔开，它的每一层都有神殿和经堂。宗堡高大的外墙在底部有一个向外的锥度，朴素的立面上，在最上一层楼的位置有若干大窗户，窗框是木雕彩绘。房顶有宽宽的屋檐，用雕花托架支撑着，并冠以金灿灿的尖塔。不丹最大最古老的宗堡中，大多数最早是根据夏仲·阿旺朗杰的命令修建的，之后又由他的继承人扩建。全国各地的宗堡网络使他得以控制并统一这个国家。

宗堡的规模雄伟而协调，它们的建筑格局，大多巧妙地跟随了所坐落的山脊和山顶的走向，建造前却根本没有训练有素的建筑师画好蓝图，完全是凭石匠师傅的一双慧眼。他会站在那里指挥，监督从事建筑的工人把活干好。不可思议的是，这些伟大宗堡的建筑，没有用一根钉子——就是靠无懈可击的严丝合缝的榫接，牢牢地把那些一丝不苟地榫接起来的木梁、地板、门、窗和楼梯固定在一起。

和宗堡的规模相差较远，却充满了宗教和情感意义的是佛塔，不丹全国遍布有约一万座佛塔。佛塔原本是呈放宗教供品或神圣遗物的地方。建佛塔的理由各种各样——为了向一个伟大的国王、圣徒或喇嘛表示敬意；为了纪念一个逝去的灵魂；为了驱走邪恶或危险（所以，它们往往建在山口或陡壁上）；或者是为了纪念一个重要的事件或一场伟大的胜利。转佛塔的时候，一定要保持佛塔在自己的右侧，按顺时针方向转——转反了可要倒霉的！盗窃佛塔里面的珍贵文物，被认为是可怕的罪行，是对我们奉若圣明的一切的亵渎。遗憾的是，我们看到，有些偏僻地方的佛塔被打破，里面的珍宝被盗窃的事件越来越多，而那些文物则到了邻国的古董贩子那里。

不丹的佛塔形状各异——从帕罗驱车前往廷布，在一个叫曲宗或交汇桥的地方（两条河在那里汇流），你可以看到四种最常见的样式，

加萨宗堡

塔希冈宗堡的乌泽塔楼

父曲母曲交汇处的普那卡宗堡,也称彭塘德钦颇章。

那里有四座小佛塔，代表了四种典型的形态。佛塔的大小也各不一样，有的佛塔里面甚至有经堂，如在廷布为纪念不丹第三任国王而建的国家纪念碑。有几座佛塔是尼泊尔风格的，底座是半球体，顶上是一个塔，四面都画着眼睛，像塔希央奇区的可拉塔，或者通萨附近的辰德布吉塔。但是，不丹佛塔最常见的形态是四方塔，四面墙上有一个坡顶，檐下方有一条宽宽的红带，叫克玛（任何建筑上的红带都说明它的宗教性质）。表现诸神和菩萨形象的雕花石板嵌在克玛里，塔顶冠以一个鎏金的火焰形状的吉祥物。

走进一个宗堡，你就会感到数百年历史的回响———幕幕历史的正剧、历史的神秘和伟大的历史事件，曾在这里面发生。站在一座佛塔前，你可以感到它发散出的强大的护佑光环。带上一点想象力，你甚至可以闻到埋在里面的燃香和药草的芳香，听到成千上万摇着转经筒，数着念珠转佛塔的朝圣者的脚步声。我们都有自己钟爱的宗堡和佛塔，与它们有一种特殊的联系。这里，我仅写两个宗堡，它们和不丹的历史及王室密切相关。另外再写一组佛塔，它们是我为纪念不丹历史上的一个重要事件而刚刚建的——那是一个对我个人有着深刻影响的事件。

不丹最雄伟的宗堡，也许就是普那卡的彭塘德钦颇章宗堡了（这个名字的意思是大自在宫），它坐落在父曲母曲两条河交汇处的一个狭长地带，看上去就像一艘停泊的巨舰。普那卡宗堡在不丹历史上有特殊的意义。它由不丹的国父夏仲·阿旺朗杰建于1637年，而夏仲1651年去世也是在这里。他的法体经防腐药物处理，供奉在最神圣的殿堂，即玛钦辛楚殿里，不丹所有的国王和杰堪布即位伊始，都要在这座神龛前供奉祈祷。普那卡宗堡也是在地区长官（宗本）、各邦官员和百姓即僧侣机构的代表宣布成立世袭君主国之后，不丹第一任国王乌

[通萨] 尼泊尔风格的辰德布吉塔 (David Kneale/摄)

[帕罗] 帕曲与旺曲交汇处的佛塔

颜·旺楚克1907年加冕的地方。也是在这里,不丹第一届国民议会于1952年召开。冬天,杰堪布和不丹中央僧侣团全体,从廷布的扎西曲宗堡搬到气候更温和的普那卡(这个河谷的海拔在1250米),就驻在普那卡宗堡。

早在夏仲的时代之前很久,这个宗堡所在的位置就是一块圣地了。14世纪时,伟大的印度佛教圣僧瓦纳拉特纳(在我们不丹称为阿吉仁钦),曾在这里清修,并建了一座小庙,叫做宗穹(小小宗堡),他在那里放了一尊佛像。现在佛像还在，只是宗穹多次遭洪水损坏，后经过重建。洪水总是很神奇地眼看就要冲到供着那尊佛像的祭坛前，却停了下来，难怪这尊安详而不可毁坏的佛像备受尊崇，宗穹也一向是来自不丹各地的朝圣者趋之若鹜的地方。距宗穹几千米远的地方，有一块巨石，一道大大的裂缝穿石而过，它同样也是人们敬仰的一个神圣遗迹。据说阿吉仁钦通过他祈祷的力量把这块巨石劈开，将他母亲的灵魂释放出来，他母亲的灵魂曾化成一只青蛙陷了里面。我父亲在这块巨石旁边建了一座小小神殿，叫多加嘎拉姆(印度圣石殿)。

当夏仲·阿旺朗杰修建普那卡宗堡时，他也是在完成莲花生大师在8世纪时做的一个预言。大师预言说，一个叫南嘉的年轻人将会来到看上去有如一头睡象的大山，在象鼻尖处建立一座宗堡。如果你睁大双眼，打开心扉来看，你就会看到那宗堡背后的大山确实看着像一头睡象，而它的鼻子就形成了宗堡所在的那块地。宗堡的规划出自一个叫巴勒的卑微木匠。夏仲指示他睡在宗穹里，睡在那佛像前，巴勒就在梦中看到了宗堡的设计图。宗堡长180米，宽72米，石头外墙近两米厚。传说普那卡河谷的很多神都帮助了宗堡的建设。我老家罗布岗村的保护神和一个叫多瑞春的女神(石头夫人)还制造了一次滑坡，把建筑要用的所有石料全部搬来。附近另一个村子擦查普的保护神则提供了木料，他让木料从父曲河漂下来。要走近宗堡，必须先过母曲河上的一座索桥。我每次过这桥时，儿时陪伴外婆乌加德姆来宗堡的记忆便如潮水般涌上心头。我们的罗布岗老家距离宗堡只需步行两个小时，她每隔几个月就要来跟区里的官员谈些公事，或者来看看她尊崇的某位喇嘛。那时和现在一样，进入宗堡必须穿着得体——头上不能戴帽子围巾，男人要斜披一块3米长的围布，从左肩搭下来，在腰侧打上结；女人则斜披一条短一点、两头是流苏的肩带，叫做拉楚，也是从左肩搭下来。男人围布的颜色表明他们的品级——平头百姓披白色围布，高级官员披红色围布，大臣披橘黄色围布，国民议会议员披有一道蓝色条纹的围布，县长披白色带红道的围布，国王和杰堪布则披杏黄色的围布。高级官员和大臣进入宗堡时，还必须带上他们的仪仗用剑。

小时候来这里，通往普那卡宗堡的桥是本地人一个主要的汇聚点。桥上挤满了邻村来的人，来这里卖他们的土产——新鲜蔬菜、桃、梨、木本西红柿、黄瓜和煮玉米棒。他们会带来便当午餐，在这里呆上一整天，交流各种消息和闲言碎语。卖完东西，他们会在宗堡桥旁的几家小店铺买上盐巴、茶叶和手电筒的电池，然后走回家。

这座桥通向一个很陡的木阶梯，有7米高，上面就是宗堡巨大的正门。这个台阶的设计巧妙，人们可以在战争时期把它撤走，这样敌人就攻不进宗堡了。正门通向第一进院落，里面是区行政机关。在这进院子的尽头，是6层高的中央塔楼乌泽，每一层都有神殿，还有精美雕刻彩绘的窗户。注意一下乌泽的墙如何在底部有向外的坡度，而从顶部开始那些巨大的窗户最宽，越到底部越窄，就可以领略这个建筑结构如何既保持一种神奇的平衡，又有一种轻巧感。

乌泽的一个经堂里，保存着不丹最神圣的文物观世音菩萨像。西藏人1639年入侵不丹，就是为了夺回这件文物，由于不丹人用计，他们被打败了。我在第二章介绍过的普那卡一年一度的双神节，就是为了庆祝这次著名的胜利。乌泽的另一个神殿里，放有夏仲的儿子甲贝多吉经防腐处理的法体。普那卡双神节的最后一天，会挂出一幅巨大的丝绸唐卡，覆盖住乌泽一面墙的整个墙壁。唐卡高28.3米，宽25.2米，是贴花工艺和绣工的精美典范，50位艺术家花了两年多时间才完成，用了6000米锦缎。这件唐卡的中心人物是夏仲，周围是不丹其他

[普那卡]各级官员盛装进入宗堡。

伟大的宗教人物。

乌泽过去就是第二进院落，是僧侣们的地方。周围是诵经殿、僧舍，还有几个神殿。其中的德楚拉康是我们1988年举办正式婚礼的地方。从清晨起，这个院落就响彻诵经祈祷声和锣鼓金铃声。年轻僧侣学习间歇，也会传出一阵阵笑谈声。

普那卡宗堡有三进院落，这是很少有的，宗堡最南端的第三进院落拥有它的建筑杰作，也就是僧侣们的大议事堂。这个殿堂有54根雄伟的巨柱，中央耸立着一尊佛像，两边是莲花生大师和夏仲。杰堪布的居所和神殿也在这里。

保存着夏仲经防腐处理的法体的神殿玛钦辛楚也在宗堡的这一头，他的法体被密封在一个棺材里，放置在一座精美的鎏金佛塔里面。我前面讲过，夏仲1651年去世后，人们对他的死秘而不宣达40多年，以免他去世的消息让他新创立的国度陷入不稳定。百姓只是被简单地告知，夏仲在静修，不在公众场合露面。夏仲的继承者和政府的掌权者成功地保守了这个秘密，每天照样给他的精舍送饭，他专门发布书面命令的石板还不时出现。现在只有国王和杰堪布可以进入夏仲的神龛精舍，此外就是两位高级僧仆，他们是专事照料神龛的。同样在这座神殿里，还有圣僧佩马林巴 (1450～1521) 经防腐处理的法体，不丹国王就是他的血脉后裔 (不过对他的法体还有些争议，有人认为保留在这里的是佩马林巴儿子的遗体)。

普那卡宗堡多次经火灾、地震和洪水的破坏，然后又按照原来的设计重建。宗堡在1897年的一次地震中损害严重，最近一次火灾则发生在1985年，当时杰堪布的居所也受到破坏。宗堡特别怕火灾，因为大量使用木材，同时各神殿每天都点着成千上万盏酥油灯。最近一次水灾发生在1994年，当时因为天气过暖，鲁纳纳的一个冰川湖溃坝，

我们这样生活 ❋ 宗堡和佛塔

造成普那卡的父曲河发洪水,在宗堡附近卷走了23个人,导致宗堡的一部分严重损坏(见第十二章)。

1985年的火灾之后,国王开始了重修宗堡的重大工程,在随后的18年里,玛钦辛楚、僧人大议事堂和杰堪布的居所都得到了重建。重修工程采用传统材料和技术。这项大规模的修复工程刺激了不丹13项古典艺术的复兴,它们统称为传统绘画艺术。这些艺术包括木工,石艺(诸如打磨石头和砌墙),石板、石头或木头雕刻,泥塑艺术(包括制作宗教形象),青铜浇铸,铁匠(包括剑的制作),金、银、铜工艺,

通往普那卡宗堡的廊桥

普那卡宗堡玛钦辛楚神殿

藤篮竹篮及草编工艺，造纸，织布，刺绣及贴花工艺。所有这些艺术的最优秀的范例都可以在普那卡宗堡看到。

宗堡修复竣工的开光典礼在2003年3月15日举行，那是一个值得纪念的盛大仪式。辛辛苦苦修复的大自在宫从来没有这么美丽，在一排开满紫色花朵的黄檀树的衬托下，映着碧蓝的天空，它犹如烈焰巍然耸立，两条亮闪闪的河流环绕着它，宗堡香烟缭绕。

如果说普那卡是不丹最恢弘的宗堡，那么最迷人的宗堡则是旺迪楚岭。自19世纪中叶长期的内战终于结束，不丹迎来了较为和平的时代以后，我们就修建了一些比较小的宗堡，主要作为贵族的宅邸，而不是防御的城堡。旺迪楚岭宗堡在布姆塘区的贾卡河谷，它是这些小宗堡中最出色的代表，由不丹第一任国王的父亲通萨佩罗吉格梅·纳姆耶尔于1856年修建。旺迪楚岭宗堡是不丹第一任和第二任国王的驻锡地，也是第三任国王吉格梅·多杰·旺楚克成长并学习治国之道的地方。

吉格梅·纳姆耶尔选择了一个吉祥的位置来建筑他的新家园——那是一片开阔的绿色田野，他曾在这里扎营，并赢得了对贾卡宗宗本之战的胜利。他的首席石匠左沃建登设计的建筑，把宗堡的宏伟与家庭的舒适紧密和谐地结合到一起。一条长长的林荫车道，两侧是草地，车道通向旺迪楚岭仪表堂堂的入口，还有巨大的大门，雕花窗扉，美丽的壁画，都令人印象深刻。里面宽大的院落四周是三层楼——底层的房间用来做储藏室，家屋则在二层。屋檐下的顶层房间，是国王的秘书和管家们办公的地方。居室都很宜人，天花板和四壁都涂上亮色。每个房间都有不同的色彩搭配——黄色和蓝色，橙色和白色，粉红和绿色。柱子做的间壁给那些巨大的空间增添了魅力和亲切感。

普那卡宗堡中木廊上的雕梁画栋　　　　　传统不丹建筑中的彩绘天花板

院子的一头是乌泽——三层的中央塔楼，每层都有经堂。吉格梅·纳姆耶尔的私人经堂特别漂亮。三个台阶的祭坛两侧有两对象牙，祭坛漆成柔和的红色和金色。放在这里的一卷卷神圣经文都有华丽的木封，雕饰都是金的。

卡玛乌拉所著的《千眼英雄》一书中，对第二任国王吉格梅·旺楚克在位期间旺迪楚岭的生活做了生动的描述。君王的一天从早上6点半开始，由王室天文官宣告当天的预报。然后就是早餐，之后侍从长官报告请求陛见的客人名单以及他们送来的礼品单——从手织布到阉公猪，什么都有。每件礼品都要经过仔细评估，以便回赠的礼物价值相当。9点钟，一支铜管乐队会在院子里奏乐，过后人们就开始列队而入，等候国王的召见。五个秘书在顶层楼的办公室辛辛苦苦地记录各种命令和敕令，应答信函，接待上访。国王一天的工作在晚上10点结束，此时他终于可以解下他的仪仗佩剑，准备就寝。

旺迪楚岭的仆从有很大一帮。卡玛乌拉的书里列出了150个长随（管家、贴身仆人和侍者）、5位谈伴（按他们的机智和学识挑选出来的）、40名警卫、15名贴身保镖（他们的任务包括扶国王上马或者步行下山）、8名厨师、200来个听差、20位银匠、30位铁匠、30位织工、20位马夫，还有一支12人的铜管乐队——他们的节目包括用风笛演奏的苏格兰乐曲。王储吉格梅·多杰·旺楚克在他父亲的朝廷里是个严格的学徒，学习内容包括普通长随的职责。

旺迪楚岭一年中的高潮之一是第二任国王引进的，就是在宗堡空场举办的一年一度的交易会，不丹各地成千上万的百姓会来参加。它吸引人的项目包括彩票抽奖，奖品是牲畜；射箭比赛，国王也是热情洋溢的赛手；还有放电影——每年放的电影都一样，是一只老虎和两只狗打架，但是它从来不会让人扫兴。国王介绍进来的另一样新鲜事立即在百姓中轰动一时，那就是抢椅子的游戏。交易会期间供大家享用的王家盛宴包括两道获奖的不丹名菜——脆煎黄蜂和脆煎金马蜂。

冬季的月份，朝廷会从旺迪楚岭搬到昆加拉顿宗堡，它在更温暖、植被覆盖也更好的通萨区芒德陇山谷。三天的步行旅程是规划和后勤物流的大规模演练，涉及500个朝臣和仆从，300个脚夫和100匹驮马。国王在仪仗队列中离开旺迪楚岭，骑着他最喜爱的骏马，最英俊的长随们走在他身边。引导队列的是一名鼓手，一位摇铃的人，一对双簧管吹奏员，当然还有那支铜管乐队。

第二任国王于1952年去世后，有一段时期朝廷搬到帕罗，然后就搬到廷布，第三任国王宣布那里为新的首都。旺迪楚岭宗堡空置了多年，但现在正在修复，将再次作为宅邸使用。

和宗堡相比，佛塔的规模很小，但是其宗教的象征意义要大得多。它们简朴的外观与密封在它们里面的富贵形成鲜明对照。佛塔表

在重要的节日庆典中,王室仪仗队依然按照传统为国王开路。

现的是深刻的信仰，是建塔人的一种卑微奉献的行为。2003年，我承担修建了108座佛塔，当时我们的国家和国王正面临着严重的危险。

将近一个半世纪，不丹没有面临外来之敌——这个国家最后一次打仗，是在1864到1865年，当时第一任国王的父亲通萨佩罗吉格梅·纳姆耶尔在杜瓦战争中赶走了英国人。自那以后，我们也许自满起来，把我们和平稳定的生活当成天经地义。但是2003年，战云密布。印度东北地区的好战团体在不丹南部的密林中建立了游击营地，他们从那里可以越过边界发动恐怖袭击。我们的政府和国王多年来和这些好战团体谈判过，试图说服他们离开不丹，停止利用我们的领土来攻击一个作为不丹坚定盟友的国家。经过六年毫无结果的谈判，我们已经很清楚，这些好战分子不会离开，他们对不丹自身的安全构成了一个现实的威胁，把他们驱逐出不丹的武装行动不可避免。通过国民议会和不丹各地公共集会的讨论，支持这次行动的舆论已经渐渐形成。但是我们这一代的不丹人，乃至我们父辈的不丹人，都没有经历过战争的现实和恐怖。

那年夏末，我注意到我的儿子吉耶尔每天清晨天明即起，我以为他在准备牛津大学的严苛学业，他那年秋天就要去牛津上学。其实从他被太阳晒黑的瘦挑身子和理的平头，我本应能猜到，那些个清晨他没有用来读书，而是在进行严苛的体能训练。我后来才发现，他已经报名参加了民兵，没有告诉我也没有告诉他父亲，怕我会不答应。为此，吉耶尔把去牛津的学习推迟了一年。与此同时，我和此刻每一个不丹人一样焦虑不安，开始在多曲拉山口修建佛塔，作为我向在这困难时期保护我们国家的诸神热切祈祷的一个看得见的象征。

2003年12月4日，国王和吉耶尔离开普那卡前往前线。当我儿子和他父亲一起坐进车里时，儿子对我说："那些留在后边的人一定不

我们这样生活 ❋ 宗堡和佛塔

多曲拉山口的佛塔

会让这场战争打败。"——他在用他的方式告诉我，我们这些不当兵的人一定不要恐惧惊慌，一定要保持我们昂扬的精神。他这一句跟我告别的话，意思是我应当做好再也见不到他的准备，因为如果他父亲遇到什么不幸，他也不会活着从战场归来。我知道他是这么说，也是这么想的，我告诉儿子，做他必须要做的。

他们离去的时候，我的心里就像河里的大石头一样沉重，我想到了其他所有不丹士兵的母亲、妻子和孩子，她们也在经历同样的痛苦。国王向南走了，路上对公共集会发表演讲，保证说，武装力量装备充足，训练有素，后勤计划和对即将到来的战斗的战略部署细致入微。他不打算从廷布发布命令——他的岗位在战场，在他的士兵们身边，他对他们说，因为他认为他们和每一个不丹公民都是他自己的孩子。他们知道，这些话是发自他的内心。

国王和吉耶尔离开普那卡的当天，我回到廷布，直接去廷布河谷北端高山上的切理寺。我以最快的速度爬了上去，爬到寺庙上方我们国家的创始人夏仲曾经静修了三年的那个岩洞。在那个岩洞的寂静中，我感到夏仲的保佑和安慰，一切都会平安。离开切理寺的时候，我的心轻松了许多，也更清楚在这前途似乎未卜的时候，我可以贡献什么。

我立即号召我在2003年5月创办的塔拉扬纳 (度母) 基金会行动起来，带头协调民间的努力。几个小时之内，成千上万志愿者加入了我们帮助组织献血的行动，建立了血库数据库，做出了帮助那些因家靠近战场可能会被搬迁的村民重建的计划，捐款也源源而来。

在救济工作展开以后，我于12月6日前往多曲拉山口，去兑现我在切理寺发下的另一个誓言。我爬上白雪覆盖的山岗，到了我过去在那里建的佛塔。我发誓围着它再建108座佛塔，作为我祈祷我们的国王和士兵安全归来的象征。(108是佛教徒的一个吉祥数字，代表转一周所祈祷的次数。) 当天我们就开始制定建佛塔的规划蓝图。

修建任何佛塔前，都需要先净化场地，因此，12月8日，杰堪布前来主持这个仪式。在佛塔建筑的不同阶段，都必须举行某种特定的仪式，以便它能有效地发挥作用，所以同时开始成形的108塔，每一座都经历了这些仪式。一旦一座塔达到了一米左右的高度，就会在地上开一个口子，把象征性的供品，如谷粒和装满酥油的青铜器皿放进

我们这样生活　❋　宗堡和佛塔

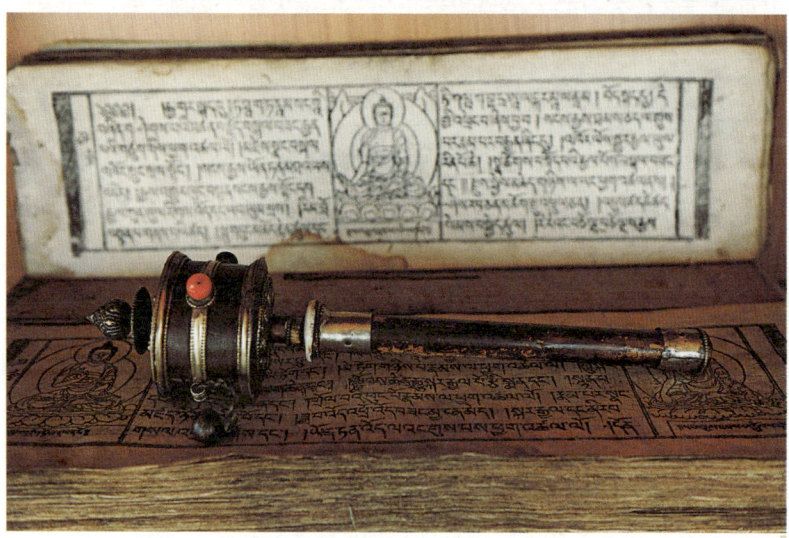

祈福用的佛像、银盒、经文和转经筒

去。建筑继续下去，直到下一个阶段，这时放进去的，是我们诸神的泥像，泥像是空心的，里面填满了祈祷经文。

建造佛塔一个极为重要的阶段，就是安放佛塔的生命树，它象征着佛塔内天与地的联系。生命树是一根长长的方木杆，由一个星座品质对路的人从桧树上砍下。然后把杆子漆成红色，四面都用金粉写上祷文，把圣物绑在上面，如鎏金的神像、祈福的铃铛、小泥佛塔、经书、一小袋一小袋的药草和香，还有宝石和首饰等。再把生命树用丝绸遮住，在一个吉祥的日子，把它放进还没有完全建好的佛塔里。给108塔安放生命树的时候，我参加了祈祷，生命树上绑着几十种最美丽最神圣的物品，都是王室家族不同辈分的成员为此目的供奉的。

其他无数人的慷慨也同样令我震撼，他们都想为修建这些佛塔作出贡献。各行各业的人纷纷捐资捐物——僧人和工程师、学生和家庭主妇、官员和退休人员、农民、石匠、木匠、做佛像的、雕石板的以及专门做精美铜器的手艺人。他们几乎不分昼夜地干——以参与建造这些佛塔来表达他们同国王和军队团结一心，因为所有人都担心这会是一场持久的血战，对手是善于打游击战的强敌，就连强大的印度军队都无可奈何他们。

这里我无意记述2003年的第二次杜瓦战争——那留待未来的历史学家去做吧。只要说，不丹弱小的军队在国王的直接领导下，以不可思议的迅捷和不容置疑的结果结束了这场战争，就足够了。仅仅用了一天半的时间，在12月15日和16日，那些好战分子14年来建立的30个营地被我军一举摧毁。

但是我们对胜利没有大吹大擂，没有兴高采烈地欢庆胜利——那不是我们的做法。我们为11个牺牲的不丹战士哀悼，也为被打死的好战分子祈祷，愿他们的灵魂安息。

国王12月28日返回廷布时，108塔的结构刚刚开始成形。由于刺骨的严寒和多曲拉山口的降雪，我们不得不在1月和2月停工，但是3月初就全力以赴地恢复施工。到6月中，所有的佛塔全部完工，这是破纪录的速度。我们命名这些佛塔为伟大胜利塔，也叫龙王胜利塔。

2004年6月19日和20日，举行了开光和圣化典礼，数千人参加，国王也莅临盛典。108座新佛塔分三层围绕主塔，一层45座，二层36座，三层27座，呈现出一种神奇的景象。每一层都以色彩鲜艳的丝绸披挂装饰，塔上面的山脊上如林般的经幡在微风中猎猎飘扬。在祈祷期间一个特别重要的时刻，当我们绕塔而转时，一缕阳光冲破云层，现出一道彩虹，围绕了伟大胜利塔。这似乎是天意——昭示着不丹的诸位保护神莅临见证这个事件，保佑佛塔，让所有在场的人更加坚定信念和奉献精神。

第三部分
人民和地域

帕罗宗上方的塔宗，原为眺望敌情的要塞，现在是不丹国家博物馆。(David Kneale 摄)

第九章
去帕罗朝圣

帕罗河谷通常是客人进入不丹的第一站。不丹航空公司的航班在深深的峡谷和陡峭的山坡上空飞着飞着，壁立的群山中突然开了一个口子，露出宽阔葱茏的河谷，一条泛着银光的河蜿蜒流过。如果是在春季或夏季来到这里，那么河谷就是一片片碧绿的稻田，与沿河柳树的嫩绿交映成趣。农舍周围的果园粉色白色的花若云若霞，山坡则披上盛开的杜鹃花和野玫瑰的盛装。到了秋天，色彩同样壮观——一片片金色的稻田，嵌在稻田四周的，是野藤花丛活泼的蓝色、野生菊深深的粉红以及晾在灰色瓦楞铁皮屋顶上辣椒的鲜红。

和自然美一样壮观的，是帕罗的文化和精神遗产。由于有大片肥沃的水浇地，帕罗历来是全国最富庶的地区，它的财富又多半投入到神殿寺庙的建筑中——帕罗区的寺庙多达155所。帕罗人的风俗就是花上一个星期，从一个庙走到另一个庙，从谷底的庙开始，然后往山上和高原草甸走，那里星星点点地分布着不丹一些最神圣的遗产。2001年，我决定也这么做一次——进行一次为时一周的朝圣之旅，参拜尽可能多的帕罗寺庙。

我从帕罗的本节开始讲起。它在雄伟的仁庞宗堡举行，一座有顶棚的传统索桥可以通到宗堡，宗堡里面存有一些最精美的不丹宗教艺术品，其中有无界曼陀罗和僧侣议事堂中的一尊高大的佛像，他精美的面庞是照着我父亲的祖父昆加嘉城制作的。

蔚为壮观的面具舞和游行吸引了很多外国游客来看帕罗本节。但是对我来说，这个节日最神奇的部分是黎明前到宗堡，然后在黑暗中静静地等待第一缕阳光柔和地照到莲花生大师的巨幅唐卡上。这幅唐卡覆盖了宗堡的一整面墙壁。当初升的朝阳一下照亮了大师的眼睛，那个激动人心的时刻就是人们体验此时的神圣和大师崇高福佑的时刻。

这个宗堡的下面，就是帕罗机场，也是我国唯一的机场——周围是田野、漂亮的农舍和正在迅速发展的城镇，有很多店铺和旅馆。不丹直到1986年才通航，不过尽管在20年前才有了空中航道，不丹人现在却很爱坐飞机。不丹航空公司离开帕罗的航班一年到头都是满员，经常出行的不丹人各色各样——有前往加德满都的僧侣，有去曼谷的生意人，有到菩提迦耶去朝圣的长者，有去加尔各答和达卡给他们美味的芦笋、蘑菇和草莓开辟新市场的农民，也有去德里的学生和官员。然而，我们这个喷气机时代，也有一种特别的不丹风味。不丹航空公司的乘客多半都事先查过宗教教历，或者问过喇嘛，保证他们出行的这一天不是忌日。如果这一天他们非要坐飞机不可，我们还有一个典型的实用主义解决办法——象征性地提前一天开始旅行，把行李打好包，然后提着行李离开家呆一会儿。

紧挨着机场的是不丹最古老的宗教遗产之一——建于公元7世纪的祈楚拉康[1]。据说这是信仰佛教的藏王松赞干布为降服一个女魔头所建的108座寺庙之一，这个女魔头横跨整个喜马拉雅地区，阻止佛

---

[1] Kyichu Lhakhang，一译古雀寺。——译注

教的传播。这些寺庙是要镇住她身体的不同部位，祈楚拉康就建在她的左脚之上 (布姆塘的强巴拉康据说是钉住了她的左膝)。公元8世纪时，莲花生大师来这里静修，这座寺庙更加圣洁。

沿祈楚拉康外墙，是一圈转经筒，一列列善男信女在转寺庙时，也会转动经筒。那些长期转经的人会转得飞快，一边转着经筒，一边念着经，还一边数着念珠！庙中内殿圣所里的菩萨像和佛像都是国宝，圣所前面的木地板镶着信徒奉献的大块绿松石和珊瑚石，地板上有一些小凹陷，那是多少世纪以来在这些宝石前面磕长头的人磨出来的。

毗邻这座古老神殿的，是王太后阿熙格桑·曲登·旺楚克夫人陛下在1968年建的第二座神殿。这两个有着优雅的金塔尖的神殿现在和谐地融为一个整体。我们全家每年都要聚集在新殿，参加王太后为国家和国王的福祉而举行的一年一度的大成就者法会。不丹最受尊崇的宗教人士之一顶果钦哲仁波切活着的时候，这些法会每年都由他主持，我们都诚惶诚恐地接受他的祝福。

在面对祈楚拉康的那座山的山顶上，是桑卓克寺，我父亲已故的哥哥，夏仲的言辞转世的驻锡地。在同一座山上，正下方就是昆加楚岭，我父亲的祖父建的公馆，我父亲的出生地。我父亲家族的历史大半和这两座建筑联系在一起，它们也是不丹传统建筑的杰出代表。

帕罗最著名的是虎穴寺，这组庙宇紧贴在极为陡峭的石头悬崖的边缘，似乎是悬挂在河谷800米高的空中。英国在锡金的行政官约翰·克劳德·怀特爵士1905年访问虎穴寺后写道："它无疑是我所见过的最富有诗情画意的一组建筑群。风景的每一个自然特色都得到利用，美丽的古树和悬崖结合在一起，组成了一幅宏伟的画面。"

这个地方的圣洁，缘于这样一个说法：莲花生大师8世纪骑着一

[帕罗]虎穴寺

只老虎飞到这里来,在一个山洞里静修。其他大德,如多杰林巴和米拉日巴,也在虎穴寺静修,所以整个佛教界都尊崇这里。我每次来帕罗,都要沿着悬崖边那条陡峭而狭窄的小路上去瞻仰这个圣地(要走两到三个小时),但是在2001年,我没有能够到虎穴寺朝圣。1998年,虎穴寺毁于一场大火,起火原因至今还是一个谜。管事的僧人被烧死了,珍贵佛像和文物烧成了灰烬,多少个世纪的艺术、历史和传统灰飞烟灭,只有供奉虎穴寺保护神辛格桑杜的神殿幸免于难。

那是我们历史上一个关键时刻——大多数不丹人都记得他们在听到这个令人震惊的消息时,自己在哪里,正在做什么。我们正在离帕罗很远的不丹中部的谢姆岗旅行,这个消息对我而言就像身体遭到打击一样。不过这个故事的结局还是皆大欢喜——虎穴寺已经从灰烬中崛起。经过艰苦的重建工作,它变得和过去一模一样,几乎每一个不丹公民都为它的重建做出了贡献,有钱出钱,有力出力。烧焦的珍贵老造像的遗存,已经放进了新造的塑像内。2005年3月24日,新的虎穴寺开光,那是我们历史上非常特殊的一天,也是不丹人快速恢复能力和信仰的一种象征。

但是,因为2001年虎穴寺还在重建当中,我于是就从祈楚寺走到高高的堡垒式庙宇祖日寺,从宗堡上面的国家博物馆走半个小时就到了,路很好走。祖日寺初建于1352年,是几乎没有被现代世界触动过的不丹一角。早在它建成之前很久,这个地方就很重要了,因为莲花生大师在这里静修过,降福给了这块土地。9世纪末,西藏王子拉塞藏玛被他的弟弟朗达玛(异端藏王,以灭佛闻名)放逐后,曾在这里避难数月。

祖日寺高六层,巨大的墙体向外成锥度,墙上有很多窄窄的缝隙,通过这些细口,士兵可以射箭,可以开炮。它的战略位置就是保

人民和地域　※　去帕罗朝圣

帕罗宗堡和国家博物馆

护仁庞宗堡和帕罗河谷，进入这座寺庙要通过一个很窄的桥，桥两边都是直落而下。有石头台阶上到城堡寺庙巨大的大门，是用大块有弯度的木料做的。在这座美丽庙宇的第四层，可以看到帕罗河谷的全景。第三层上宁静的经堂是专供莲花生大师的，最顶层则用来储存石弹，并从那里往下向进攻者扔石弹。祖日寺的前面有一排柏树，据说已有400年，它们站在那里有如哨兵，为这个地方平添了几分令人回味的气氛。

下来回到河谷，在国家博物馆下面，是另一处独具特色的庙宇——顿泽拉康。它被建成佛塔形状——这在庙宇中很少见。顿泽拉康

帕罗机场跑道

建于1421年,也是为了降服一个女魔头,镇的是她的头。这座庙宇其实是用链子拴住的,据说不然它就会飞到天上去了。顿泽拉康里面有最令人赞叹的壁画收藏,再现了不丹国教竺巴噶举派佛教的诸多保护神。由于里面永远是黑暗的,所以这些壁画的色彩保存完好,据说是全不丹最优秀的。

在帕罗河谷的西北端,是雄踞河谷之上的卓木拉日峰雪白的金字塔峰顶(7316米),它就像一个巨大的蛋卷冰淇淋;另外还有建于17世纪的杜克耶宗堡如画般的废墟,它毁于1951年的一场大火。修建这个宗堡是为了纪念1644年对西藏人的一场著名的胜仗,如今它的废墟则成了田园诗般的野餐点,森森古柏如荫遮蔽。它的旁边是一个巨大的水力转经筒,标志着通往西藏的古老驮道的路线。过去,这条道常有人走,不丹商人会带着大米到西藏的帕里宗做易货生意,用大米换盐巴和砖茶。我小时候,父亲定期去西藏帕里,路上要走三天,每次都经过这个转经筒,他的骡子驮满了从我们在普那卡的田里收的稻米。

杜克耶宗堡过去一点儿,走过梅西扎姆索桥,我继续朝拜河谷上边深山里隐藏着的那些庙宇。那是春天一个美丽的早晨,我的目的地是拉定寺,即飞天神庙,要走两个小时。这条路很可爱,大部分穿过森林,其间星星点点散布着报春花、野玫瑰和一丛丛绣线菊、银莲花和野草莓。最后爬上一段很短但是很陡的路,我们就到了拉定寺,迎接我们的是阿波克桑,83岁的管理员,也是拉定寺创建人的后裔,他和儿子、媳妇及孙儿们住在这里。拉定寺的塑像很有名,非常精美,栩栩如生,每个塑像上面都有精雕细刻的华盖。观世音像据说开口讲过两次话,一次是说:"我被换过了。"当时,先前在那里的那尊铜像被搬到西藏去了。另一次是说:"把我弄歪了。"当时是把它搬到这里立着安装的,但是庙门太矮进不来。

拉定寺的另一件宝贝,是一部巨大的经书,木质书函非常重,镶刻有不惜工本用金子做的浮雕。据说能够举起这函书的人,就会洗清自己的罪过,那些举不起来的人则罪莫大焉。我很幸运,能够把它举起来,贴到我的额头上——我一直在练臂力,看来这不仅对我的肌肉有好处,对我的灵魂也有好处!

午餐时,阿波克桑给我讲了创建拉定寺的故事。一位可敬的西藏喇嘛萨迦班钦派遣他的弟子,一个侍从喇嘛,带着一头驴子从西藏来到不丹。他告诉他们说,他们的使命是找到一个湖,驴子知道那湖在哪里,所以一路上对驴子照顾得很好,没有打它。走到一块空地,驴子就不走了(后来那块地被命名为萨崩库,即驴之地),那里有一群秃鹫在上面的山上盘旋。弟子前去查看,发现有一个湖。萨迦班钦喇嘛交给他们一些稻米,他把这些稻米扔进湖里,然后祈祷说:"如果这就是那命定的湖,那就让水沉下去,让沙子升上来吧。"第二天早上他醒来,湖果然消失了,出现在那里的是一河床的白沙。拉定寺寺就是在这个地方建立起来的。秃鹫则是诸神的显现,指示出那待建寺庙的位置。

帕罗人有一个传统,就是一天之内把拉定寺寺和另一座昙雀寺都朝拜到,认为这会把300次重生累积起来的罪过统统洗掉。这次我没有去昙雀寺,而是去了另外一座寺——嘉纳寺,从拉定寺寺需要再走四个小时。当时天开始下雨,我有点想放弃这个想法,打道回府,但是又下定决心——"只管去做"(耐克的广告词常常在这样的时刻帮助我!)。在去嘉纳寺的路上,途经一个村子,看到一位82岁的老太太还在精神抖擞地收割她的谷子,这激励了我。在我们绕过那座山,再上去走进松树林时,雨停了,太阳出来了。我站在一个山脊上,用望远镜往山下望去,下面远远的河谷里,我可以看见村里的妇女们穿着鲜艳的基拉,在忙着栽种水稻。

从这里,就开始吃力地攀爬,才能上到那座名副其实的嘉纳寺(嘉纳的意思就是"深山之中")。在寺庙下面,距离寺庙有一段距离,立着几个静修茅屋的废墟——这些静修茅屋是僧人们单独静修的地方,依传统要修三年三个月零三天。普通老百姓到这些茅屋来呆几个月或几个星期,把物欲置诸身后一段时间,过简朴的生活,沉浸在精神生活中,也不足为奇。

嘉纳寺属于钦托村的村民,钦托村环绕着杜克耶宗堡,当地人历来是我们北部疆界的守卫者,以凶猛著称,对他们认为是入侵者的人，他们会抢劫甚至杀掉。嘉纳寺的庙产包括六英亩稻田，就在钦托村，稻田的收入用来祭祀创建这座庙的喇嘛们圆寂的纪念日。每年的这一天，大约有400个钦托的村民来到寺里祈祷，跳舞，庆祝，并在寺周围露营过夜。那晚我也在嘉纳寺过夜，是在寺里的二层楼上，从那里看杜克耶宗堡很壮观。我还享受了管理员多福和他一家的款待，他声称自己是创建寺庙的喇嘛的后裔。

我前面提到过，所有的河谷和寺庙都有自己的保护神，他们可能先前是苯教的神，后来同化为大乘佛教的神。保护神在老百姓的生活中起着一种重要的作用——新出生的婴儿会被带到他们面前祈求赐福赐名，孩子长大后又会在考试、婚姻和其他重要场合祈求神的保佑。在嘉纳寺，我遇到了一对有五个孩子的夫妇，他们来求寺庙的保护神查瑞钦的保佑。寺庙周围的空地成了山羊、牛和绵羊的避难所，善男信女们从屠夫的刀下把它们买下，献给寺庙。有情众生这样的慈悲之举，据说可以积一个大功德。

次日早上6点，我离开了嘉纳寺，下一个目的地是玉母措（母亲湖）。我们走过了一个具有令人震惊的高山美的风景区——盛开的矮杜鹃花丛覆盖的山坡，一道道溪水流过山岩，山岩四周开满了鲜花，形成了一个天然的山岩园林。一路上山，沿路的树上都有野雉在叫，我们甚至看到了一个野雉的窝，里面还有三个蛋——就像我们在圣海伦女子学校看过的英文故事书一样。一群群牦牛在绿色的草地上吃着青草。在一个地方，我们穿过了天女木兰丛形成的狭窄夹道——一边是白色的花，另一边是粉色的。这真是天堂的花园。但是很可惜，玉母措被雾遮住，看不见，因此我们又爬了一个小时到了另一个湖——扎杰旁措。这个湖的景色令人敬畏，从面向湖的山上八个不同泉眼流下来的水，注入这个湖中。湖岸开满了粉色、白色和黄色的矮杜鹃花。

[普那卡] 收获季节,妇女用传统方式舂米扬糠。

[旺迪] 头戴草编遮阳花环的村妇

我们在一个能看到整个湖全景的小小岩洞里用过午餐,我在那里生了一小堆火取暖。

我真想就那么坐在这里,但是已经下午一点了,我们的下一个目的地本德拉寺还要走七个小时,我们要在那里过夜。

本德拉在虎穴寺上面很高的地方,我们沿着小路往那里走着走着,天就黑了下来。我们还要爬一个很陡的岩石山,才能到达本德拉山口,七岁以下的孩子夭折,都要在那里天葬。他们的尸体就留在岩石上,任自然力消磨,这样他们无辜的幼小灵魂就与自然融为一体。此时,我的同伴其美佩多开始有高原反应的迹象。天已经黑了,我们的神经和身体耐力受到严重的考验——在那窄窄的岩石山路上,一步踩空就会酿成大祸。

我们终于到达本德拉寺时,已经是夜里11点,自当天早晨离开嘉纳寺,我们已经走了16个小时。我们的向导对距离的估算有误——要是在天黑以前停下来,在途中的某个地方露营就好了。我用尽最后一点力气爬上三层楼梯,到了本德拉寺的主殿,在祭坛前磕了三个长头,然后就沉沉地睡过去了,连梦都没做。

本德拉的意思是"有十万个足迹的山岩"。相传有十万空行母(飞天)降临此处,在一块岩石上留下了她们的足迹。还有一种说法是11世纪时度母的一个化身造访了这个地方。本德拉寺的主殿供奉的就是度母,她美丽的塑像也让祭坛生辉。在祭坛后面的一块山岩上可以看到飞天的纤细足迹。在本德拉寺的左侧,有更多的小足迹——据说飞天们就是从那里飞回天上的。

次日早上,我们醒来,看到的是原生态的美景——草地环绕着寺庙,草地上星星点点开着鲜花。我们很快就上路了,穿过松林和桧树林,前往拉果寺。路上,我们遇到了73岁的卡楚和他5岁的外孙索南·旺楚克。卡楚是个木匠,也是一座小寺的管理员。小男孩很喜兴,很活泼,也很会察言观色。卡楚告诉我,孩子是他女儿和一个日本游客生的,他女儿怀孕后,那个日本人就抛弃了她。作为补偿,他给了他们家一台电视机、一台磁带录音机(他们根本没用),还有四万努。这次背叛带来的震荡让他女儿神智不清,所以小男孩其实也成了没娘的孩子。

走近拉果寺时,我看到了寺庙上方的静修茅屋。我父亲的祖父昆加嘉城曾在这些茅屋中最上面那个静修过三年(帕罗宗堡里那尊巨大的佛像的面部就是依照他做的,我们昆加楚岭美丽的祖居也是他建的)。从那些茅屋下来,有一条很陡的狭窄小路通到拉果寺的主殿。这条路以两侧的山石著称,这些山石上都有令人惊异的印迹。拉果寺的僧人们自豪地把这些印迹指给我们看——有一对蛇,有老虎的头和爪痕,有山羊,有秃鹫,还有莲花生大师的足迹和他的帽子的印迹。这些岩石和据说是"飞天的阴道"的造型非常相像——当我们走到这些岩石跟前时,僧人们突然不好意思地沉默了!

在拉果寺的主殿,莲花生大师的塑像让我惊呆了——他的两个妻子分列在他的两旁,他的眼睛闪烁着智慧和慈悲的光辉,看上去好像就要讲话似的。我在拉果寺的露台上坐了一会儿,这座寺庙从山边伸出去,由木桩支撑着。我有一种奇怪的预感,不知道如果整个结构垮了,会怎么样,因为那个地方感觉很危险。六个星期之后,这个结构果真垮了,幸好没有人员伤亡。令人欣慰的是,拉果寺现在已经由泽本·旺楚克重新建好,他几乎神奇般地修复了我们的古寺和神殿,同时保持了它们原有的风貌不变。

在这些隐藏在帕罗周围深山中的圣地度过了三天难忘的时光之后,我回到了在帕罗镇中心的乌颜帕里宫过夜,但是第二天又要继续我的朝圣之旅。在此后的四天,我又访问了五座寺庙,每一座都是一次独特而庄严的体验,这里我仅记下其中的两座。从镇子走五小时可到的春福寺,在整个喜马拉雅佛教界都很有名,它是佛母金刚亥母的神殿,这是一个特别强大而令人敬畏的女神。人们对她如此敬畏,以至于她的画像或塑像都很少见。春福寺不仅有佛母金刚亥母的罕见造像,而且其中最大的一尊据说还是悬浮的,因为从她的外形到她坐的底座可以穿过一根线。我向这位女神非同寻常的造像献上我的念珠表示敬意,然后坐下来,享受帕罗首座上师带来的美味午餐。春福寺的其他珍宝包括一尊坐在莲花上的古老佛像,和第悉丹增·拉布杰制作的一个普巴杵。

[旺杜波德朗] 倚栏交谈的年轻僧人

春福寺还因为是莲花生大师指定的隐身之地之一而闻名——那是非常和平而美丽的避难所，我在第十章会做更详细的描述。环绕着春福寺的是浓浓的绿，寺的上面还有一个小小的湖。湖边长着的竹子，我们称之为圣擦热月媚，据说是长寿护身符。我们从春福寺往下走时，带了一些竹笋，穿过浓荫的森林，沿着泛起白沫、流得很急的河水的河道。这一天的愉悦，可惜因为看到一座被盗过的古塔而中断了，盗窃者因为想偷我们称为天珠的玛瑙和其他珍贵文物，居然把塔顶都打碎了，那些文物是几个世纪以前放进塔里祈福的。天珠在台湾等地卖到天价。从这些古塔中盗窃文物是比较新的现象——我真不知道是怎样的贪婪可以让人犯下盗窃的罪行，亵渎这些纯净而谦卑的奉献的象征。

帕罗河谷所有的寺庙中，或许位置最为壮观的要数东卡拉了。乘飞机进入帕罗，如果你往上看，这是你看得到的唯一一座寺庙，比飞机所飞的高度还要高。东卡拉雄踞一座高山的山巅，有让人喘不过气来的360度视野，可以环顾周围的河谷和群峰。在东卡拉，时间似乎凝固了——当我们转过山路的最后一个拐弯时，我们看到冬天的雪还在那里没有融化。只有鹧鸪和野雉的叫声才打破这里的寂静。东卡拉寺也有一尊非常漂亮的莲花生大师造像，还有一个传说——长老告诉我们，当人们要把造像送回它原来所在的寺庙时，谁也抬不动它，然后它开口说，它就要留在这里。

在东卡拉，我看到了我在寺庙里从未见过的最奇特的文物。那是一只保存得很好的手，是从手腕处切下来的，悬挂在保护神的神殿里。据说这只手是一个贼的，他来偷吉祥庆典上用的古董大铜锅。但是，他刚刚触到铜锅，他的手就粘到了铜锅上，他没办法，只好把手砍下来，然后才能逃走。这个警示性的故事最好让那些盗窃佛塔的人听到！

第十章
隐迹的天堂

最后的香格里拉是不丹旅游手册上用得很多（而且用得过多）的一个短语。然而，大多数不丹人根本不知道香格里拉是什么意思。这个词是詹姆斯·希尔顿在他写的《消失的地平线》一书中发明的，描述了一个隐迹在喜马拉雅地区的天堂。希尔顿不知道的是，在不丹，这些隐迹的天堂确实存在。但是我们对这些地方有另外一个称呼——秘境（Beyul）。按照我们的传统，秘境是莲花生大师选定的地方，分散在喜马拉雅地区，即使在动荡和暴力的时代，它们也是安宁的处所，为人民和他们的宗教与文化，提供了一个安全的避难地。莲花生大师选定的秘境有好几处在不丹，意料之中的是，那些地方都远离人们常走的路。

我在不丹全国徒步旅行时，去过不止一处秘境。它们确实是田园诗般的地方，宁静而美丽。但是，和詹姆斯·希尔顿笔下的香格里拉不同的是，我到过的秘境肯定是有老人的，他们经历了人生的悲痛。尽管如此，秘境还是有一种无形的品质，使它们不同于其他名胜——住在那里的人似乎对真正的生活艺术有一种本能的理解，和纯粹的物质追求有一种健康的格格不入，能够认识并欣赏自然的馈赠，并且有着接受并面对生活中的起起落落的智慧。

我第一次体验秘境是在1999年2月，当时我刚刚开始第一次徒步游不丹，好让自己亲身熟悉住在一些最偏远地区的百姓。我选择从不丹中部的克恒地区开始，包括谢姆岗和蒙加尔区。这个地区森林茂

山顶村落与层层梯田

密，人口有2.6万，散居在一连串由陡峭的山坡封闭起来的狭窄河谷里。这里几乎没有公路，平地也很少。由于这种困难的地形，克恒人实际是在很吃力地以农业和畜牧业为生。刀耕火种的农业在克恒特别盛行，人们通过烧荒清出一块林地，种植一段时间，然后休耕让它自己重新恢复。虽然今天的自然资源保护主义者对此颇有微词，但是克恒的老百姓却很知道如何把握这种实践——克恒的森林覆盖率为86%，远远高于72%的全国平均水平。

由于不通公路，河谷之间又隔着陡峭的屏障，所以克恒的村落都倾向于自给自足，不仅和外部世界隔绝，彼此也是隔绝的。这种孤立状态的后果之一，就是他们对不丹其他地方正在发生的情况很不了解，而我们此行的目的之一，就是介绍能提高产量、增加收入以及丰富他们饮食结构的种植和土地利用新技术。过去区里的官员也尝试这样做过，但是发现克恒人比较抗拒变革。克恒村落彼此隔绝的另一个后果，却是古老的萨满仪典和苯教仪典得以幸存，而在不丹其他地方，这些都已湮灭了。

我的行走路线会经过谢姆岗区一些最偏远的村庄，从那里我将徒步翻过努阿莫拉山口进入蒙加尔区，最后在不丹东部的库日曲结束我的旅行。这意味着我要艰苦地走上14天，如果半路上受不了，也不可能有汽车坐。我的耐力训练仅限于健身脚踏车，但是，无知者无畏，我觉得我能行。我那时并没有完全意识到，徒步穿越克恒，并不意味着愉快地缓步走过牧歌式的农村风景，而是没完没了、筋疲力尽的上山下山。上山的时候，肺部、小腿和腹部容易不舒服，而下山的时候，遭罪的则会是膝盖和脚趾。

我和同伴们背着一包包沿途准备分发的种子、新农具、必要的药物和衣服，从公路的尽头普拉冷开始，走向克恒。我们的步伐很轻快，每个人都想在第一天给别人留下好印象。我们在卡姆琼村停了一小会儿吃午餐，那里的村民正忙着耕种他们的玉米地。第一天的徒步行走是一种火的洗礼——我们那天晚上到达顿芒村（不要和顿芒温泉搞混了）营地时，已经走了13个小时。虽然我当晚恨不能立马爬到床上去，但还是硬挺着会见了村里的27户人家。我带了铁锹，还给他们带了种子。村民们以克恒地区特有的那种直来直去的幽默告诉我说，他们觉得花椰菜和胡萝卜很难吃，宁可拿去喂猪，不过区农业厅一直在努力说服他们种新的蔬菜品种。我们试图推行的玉米储藏罐，保护他们的玉米不受虫害，也令他们有些不知所措。一些村民承认，他们的惯例是把很多玉米做成酒，那样的话，既不怕虫子也不怕老鼠。但是一旦用上这些新的防虫储藏罐，他们就不再有借口酿酒了！想做好事竟也有这样意想不到的困难。经过这虽然令人不快但却有益的一课，我带着酸痛的四肢和满脚后跟的泡，瘫到了床上。前面还有13天呢，我可怎么活啊？

第二天一早，我们沿着那条看不到尽头的小路下山，下到查姆卡曲河边。最后，除了我前一天脚后跟上起的泡之外，脚趾头上也磨起巨大的泡。走过横跨在河上的悬索桥，之后就开始了一段几乎直上直下的攀爬，前往迪加拉村。走到半路，我觉得我的脚一步都迈不动了——我放弃了，后边的路都是骑马。我们在迪加拉村过夜，在那里，我遇见一个当地的萨满，他戴着的象征权位的项链很是吓人，是由爪子和动物头盖骨做的。他以狂热的节奏敲着鼓，跳着舞，随后进入一种恍惚的状态，然后陷入昏迷。这是我此次旅途目睹的很多苯教仪式的第一个。那天夜里我很痛苦，吃了止痛药——想到前边还要走12天，我真希望能来一架直升飞机，赶紧把我运走。

一夜好觉奇迹般地提高了我的士气，而且很幸运，次日到令人开心的朗杜比村的徒步行程不算太吃力。这里和我此行所见的大多数村庄一样，房子大多是两层，用石头和碎石盖得很坚固，屋顶铺着芭蕉叶。屋内，留种的玉米棒子从天花板上挂下来，高高的盛着家酿米酒的空竹罐立在那里发酵，随处可见的是克恒人的藤编技艺——藤篮、藤筐、藤鞍囊、藤床垫、藤帽、柳条箱、藤风车和藤筛子，而在他们的森林里，到处都长着藤子。有些藤筐里面还巧妙地衬着从这里的野生橡胶树上采的橡胶，这样筐子也就可以用来装液体了。屋子外面是磨玉米的巨大石磨，我也上去试了试手，但是费了一个钟头的功夫，才只碾出一小把棒子面。

我在朗杜比的营地是一块绿草茵茵的空地，那里曾经有一个湖。我们睡觉的茅棚很有趣，是用树枝和落叶搭起来的，顶上再盖上芭蕉叶，并用鲜红的杜鹃花连成串，穿过那些芭蕉叶。此行经过的几乎所有村子的村民都为我们搭建了类似的茅棚，那是照着一个神话故事中所描述的屋子建的。

河谷索桥

藤编箱子

我在朗杜比过了两夜，会见了村里47户人家的成员，看了更多的萨满舞蹈和仪式。在这里，萨满坐在铺着扎人的荨麻的床上，敲着鼓，唱着经，同时用一捆荨麻抽打自己的脖颈、肩膀和腿部。接下来是一个叫做卡波的仪式，用以纪念一位苯教的神，由一个扎着白头围布、穿着帼的男子主持。仪式在一个祭坛周围进行，祭坛上的主要贡品是一个巨大的木头阳具，顶部漆成红色，放在芭蕉叶上。穿白的男子以洪亮的声音祈求13个领地神的帮助和护佑，同时在祭坛上供上米酒和水。六位男子加入了他，和他一起唱经，边唱边围着祭坛一圈又一圈地转。那场景让人昏昏欲睡。

我下一段的旅途以一段真正可怕的行走开始——从朗杜比到下一个村子孔沙，有一个大名鼎鼎的悬崖，我们沿着羊肠小道一寸寸地挪，因为小道尽是松砾石，又窄又滑。下方很远处便是那条咆哮的河。我深深地吸了一口气，想等到我们全体，包括驮骡，都安全地翻过那座悬崖之后，再把那口气呼出来。此刻我们心情轻松地走过帕查村、紫灵壁村和东拉比村。一路上，我们看到莲花生大师留在一块岩石上的足迹和后背的印迹——我们正在走近他选定的一个隐秘的天堂，即秘境孔沙，那座难以逾越的悬崖有效地把它封闭起来，使其与外部世界隔绝。

转过了一道急弯，就是孔沙了。这个村子的位置很有气势，覆盖了一座山顶的整个山脊，沿陡坡成梯级往下层层叠叠。靠近山顶的山坡种有麦子和谷子，下面是种着水稻的梯田。孔沙村和朗杜比村一样，村里的主要聚会场所是一片绿草茵茵的空地，那里曾经有个湖。我坐在柔软的草上，听着村民们自豪地朗读古代经文中对孔沙的描述，称它是莲花生大师的秘境之一。他们指出更多大师保佑的迹象——一块有着一处深深凹陷的岩石，里面有一个小小佛塔，据说是天然形成的。人们告诉我，就在我们所坐的干涸湖底的下面，有一座只有

不丹山野遍布的杜鹃花

一个房间的古庙，里面有大师的足迹和手印。

在田园诗般的风景环绕下，我享用了孔沙村民准备的美味午餐，回味无穷。最先上的是一道野山药汤，佐以此地生长的香野椒，很提神，汤盛在中间掏空的竹筒杯里。然后上来的是嫩蕨菜、嫩藤芽、竹笋、香蕉棒、苋菜籽、荞麦贴饼、水草和各种蘑菇——采自森林和河中，是孔沙人和我们走过的其他村子的百姓常吃的主食。这些大自然的馈赠在这个地区很丰富，人们不需要辛勤耕种，就能享用美味健康的食品——难怪人们认为这个地方靠近天堂。

在孔沙，我也观看了这个村流传了很多个世纪的宗教仪典。人们在露天搭起一个祭坛，中间位置还是放着木头阳具。通过名为昆拉哈日、高福和萨克拉姆的仪典，祈求村民膜拜的众神护佑。通过祈祷唱经和敲鼓，众神再次从他们的13个领地被召集过来，在祈求仪典结束时，又尊敬地同他们道别。接下来，村里的男人们跳起了一种高难度的舞蹈。跳舞者要把自己的手绑到背后，然后每个人弯下腰来，用自己的嘴唇叼起盛满米酒的酒杯，一滴酒都不许洒。在这个引人入胜的表演结束时，孔沙的女人和孩子们都站起来，加入到舞蹈的行列，好像鬼使神差一样，我也站到了跳舞者的圈子里。

那天早些时候吃午饭时，村里一位活跃而且眼睛很亮的老者吸引了我的注意。彭约大爷告诉我，他年轻时，为第二任国王放过牛。他笑着宣称，如今他89岁了，正准备去见他的另一位国王朝格加普，也就是死神阎罗王。彭约的老伴20年前就当了尼姑，搬到廷布去了，她偶尔会从那里给他寄来奶粉。由于缺乏道路，在地形这样险峻的地方旅行困难，所以孔沙以及克恒腹地其他村子的大多数百姓从来没有到过比邻村更远的地方，只是在他们出生的土地上长大、结婚、生育，然后老死。彭约大爷和他的老伴是个例外。他说，他年轻时就走出了村子，到了很远的地方，赶着国王的牛群到它们的冬季和夏季牧场，到布姆塘和昆加拉顿卖酥油和奶酪。然而，他的旅行却只让他相信，地球上没有一个地方比孔沙更美，没有一种生活方式比孔沙更和谐。他说，他很高兴在这里安度晚年，开心地看着他的孙儿们长大。他自豪而独立的精神感动了我，它里面没有丝毫的孤独或欲望。我当即决定"收养"他，每年给他一笔生活费，保证他无需跟任何人要钱来满足自己的需要。彭约大爷是塔拉扬纳（度母）基金会收养的第一人，我建立这个基金会就是要照顾特别弱势的群体。

在离开这个真正的活生生的香格里拉——秘境孔沙之前，我给了全村110户居民每户一把铁锹，每把铁锹重1.4千克，举起这样的分量再递出去110次，也相当花力气——我几乎可以看到我的双头肌在变健壮！也许现在我可以用那个石磨成功地磨玉米了，就像克恒的女人们那样，她们推磨似乎毫不费力。

孔沙过后，我们的路线是下山到河边，然后再爬很陡的山到巴多，一个有67户人家的村子。我又一次"作弊"，骑马上山，这样可以更好地欣赏沿途正在盛开的美丽的杜鹃林。山边是一片绚烂的色彩——浓淡不同的鲜红、雪白和紫红色。过了巴多，又是陡峭的下山路——这次我是步行，没有骑马，因为我记得儿时桑杜外公教给我们的一句话："不能载主人上山的马，不是马；骑着马下山的主人，不是主人。"外公是在那些骑马去印度上学的长长旅途中，跟我们讲这些话的。再往后，就开始了这次旅途最陡峭的上山路：爬到努阿莫拉山口，从那里前往蒙加尔区。往上爬是根本不能骑行的——小道很滑，有如抛光的滑坡，因为几个世纪以来克恒的村民们一直在从努阿莫拉的森林里伐竹子，沿着这条道让竹子滑下山。努阿莫拉的竹子以特别柔韧耐久著称，过去不丹贵族用它们做箭和鹅毛笔，需求量很大。

山口积雪覆盖,藏在雾中,我们慢慢走过山口,下山到了蒙加尔区的瓦玛村。在这里,村民用整只烤乳猪和无数盛满了家酿米酒的竹筒迎接我——这酒即使我每天喝,也够喝好几年的。拒绝接受这些慷慨的礼物,那是不可原谅的粗鲁,因此我提议临时摆个全社区的团圆宴,把那只烤乳猪和米酒都消灭掉。当晚我就在瓦玛过夜,还帮一家人磨了玉米。从上磨盘的一个洞把玉米倒进去,然后推着上磨盘上的木手柄转动石磨,把玉米碾成粉。我费了半天劲儿,也就碾出一勺子棒子面,但是却让村里人很开心。

次日早上,在去下一个村子斯兰比的路上,我碰到一位印度南方来的工程师,名叫库鲁克苏,他正在谢日岗曲河上建一座悬索桥。他告诉我,他迄今已经在不丹建了28座桥了。我感到很惊讶,他居然

彩色藤篓

作为辟邪象征的木头阳具

花了这么多年的时间，在不丹最偏远的地区，做着最困难、最艰苦的工作，远离故乡的舒适生活和现代便利。而他似乎对他的命运非常满足——也许他已经在不丹发现了自己的秘境。

斯兰比的邦曲藤篓享誉全球——这种藤篓用细藤条编制，呈圆形，涂有多种颜色，有盖子，在不丹家家户户都可见到。我们在罗布岗老家有一套邦曲，我父亲和外公会把午餐放在里面背到地里去，我母亲则会用它放纺线。而且，每一个不丹人出门旅行都会带一个装满烤玉米或炒米的邦曲的。约翰·克劳德·怀特爵士1914年写到过他如何对邦曲精美的工艺感到吃惊："它们由两个圆形的部分组成，圆形的顶部和底部衔接得无比紧密，严丝合缝，甚至可以用来背水，(不过)它们主要还是用来装做好的饭和食品。"

在斯兰比，我看着一个家庭主妇劈藤、染藤，然后把藤条编成错综复杂的图案。当时我就在想，这个小小的偏远村庄的妇女们的手艺，竟然把色彩和美带给了全国的家家户户。

之后的四天里，我依照行程到了纳帼村、达格萨村、巴姆邦拉村和热萨村，每个村子的热情款待，还有他们不顾种种的艰难困苦对自己蛮荒而美丽的土地的眷恋，都温暖了我的心。此刻，我已经开始找到上下山时腿部如何用力的诀窍，面对那些一连串无情的上山下山，也不再那么心生畏惧了。此行我到过的每一个村子的村民们几乎都想有一条可以开汽车的马路通到离他们近些的地方，但是没有一个人想搬到不丹南部交通更方便也更富庶的地区。

整个旅行中，我碰到了非常多的未婚妈妈，有些才刚刚13岁。她们受了那些经过她们村子的男人花言巧语的哄骗，之后就再也看不到那些男人了。我在巴姆邦拉遇到一个贫血的小男孩，他告诉我，他父亲在廷布当医生。我绞尽脑汁地想，廷布的哪个医生会在遥远的巴姆邦拉有个小儿子呢？后来有人告诉我，在这些地方，"廷布的医生"是未婚妈妈和她们的孩子常用的一个托辞，来指遗弃了她们的那些男人。

旅行期间，我还发现了特别多的兔唇患者。这种先天畸形不仅影响了他们讲话和进食，而且也影响了他们的自尊。这个地区兔唇的高发，可能是这些自给自足而又与外界隔绝的地区长期近亲通婚的一个结果。仅在纳幅村，我就看到了12个兔唇患者。其中有一个56岁的男子当众庄严地宣称，如果能够重新造就他的脸，很多女人都会爱上他。在场的村民们爆发出一串笑声。

我访问的最后一个村子是热萨村，从那里，我们跨过库日曲河上的一座桥，穿过一片森林，在那里，在我们的前方，就是公路了，汽车正等着我们。我第一个冲动就是向后转，退回到我刚刚度过了14个难忘的日日夜夜的世界。现在回顾这次旅行，我意识到它标志着我生命中的一个转折点。它教会了我如何以细微自然和亲密的方式融入我们百姓的生活。它打开了我的眼界，让我看到在给偏远地区的人民带来发展益处的同时，又不破坏他们独特的文化之间找到适当的平衡点的挑战和重要性。也是在这次旅行中，我决定启动塔拉扬纳（度母）金会，到现在为止，这个基金会已经"收养"了379名不同年龄的人——从90多岁的老人到十几岁的儿童，还有婴儿——他们都有特殊的需要和自身的弱势。我们的基金会现在负责他们的食物、社会保险和医疗。我们还启动了帮助未婚妈妈和她们的孩子的特殊计划。我们已经为兔唇或者腭裂患者组织了两轮手术。术前和术后的照片表明，手术是如何改变了他们的生活。

最后，这次为时两周的艰苦旅行给了我勇气，让我能够再进行更多这样的徒步旅行，深入到国家偏远的角落。对我来说，这些都是伟大的发现之旅。

第十一章
拉雅！

长着吸引人的面孔，衣着打扮也不同寻常的拉雅人的到来，预示着普那卡河谷每年冬季的来临。他们从遥远的北部拉雅高原上的家下来，到比较温暖的河谷过冬，驮着肉、用牦牛奶做的肥腻的黄酥油和奶酪、一袋袋用来做最好的燃香的高原香草，还有药草。他们用这些在普那卡换取大米、辣椒、盐巴、衣服和油。从童年起，我就常看到拉雅人，11月到2月间，他们常在普那卡宗堡周围晃悠，或者泡在加萨的温泉里，我们每年都随外公外婆去那里。我发现拉雅的女人特别迷人，留着长长的头发，头上戴一顶小尖帽，帽尖用珍珠和念珠装饰着，穿着黑色毛呢衣，重重的银首饰衬着大块的珊瑚和绿松石装饰，这样一身装扮有着令人震惊的效果。

关于拉雅人的来历和他们奇特的打扮，有一个奇怪的传说。据说他们原本住在西藏南部一个地区，突然有一天，那里遭受了一连串的灾难，显然是受到了诅咒。当地人抵御邪恶魔法的方式，是行巫术——像祭典一样，用泥或者面团做出娃娃大小的人形，给它们穿上黑衣服，让它们做灾难的替罪羊。然后再象征性地把诅咒加到它们身上，把它们从这个地方丢出去。但是这一次，诅咒太厉害了，人们感到得找活人来替罪了，于是这个选择就落在了一个特定村子的所有村民身上。人们给这些不幸的村民穿上奇怪的黑衣服，带上尖顶帽，跟那些

[加萨] 拉雅少女臧姆

假人穿戴的一样,把他们整体放逐,希望他们把纠缠这个地区的霉运带走。这些不幸的村民无家可归地流浪了好几天,直到他们偶然发现了一个美丽的河谷。雄伟的马萨岗峰 (7144米) 高高耸立,雄视河谷。"拉雅!"他们惊喜赞叹着欢呼,并且决定就以此命名他们的新家园。他们继续穿着他们奇怪的黑衣服,因为它最终给他们带来了好运。

2001年10月,我陪母亲去加萨温泉时,决定前往拉雅,从加萨到那里徒步走要两天,然后继续走到灵石。这个地方是岩羊和蓝罂粟之乡,还有罕见的雪豹和牛角羚(稍后会多讲一些牛角羚)。尤为重要的是,它是牦牛的王国。灵石-拉雅一线,是外国徒步游客所钟爱的一条路线,有着壮美的高山风光,周围是好几座海拔7000米以上的高峰。我要徒步的路线,和游客的路线方向相反,路上要翻过四个高高的山口。对我来说,这是一个期待已久的机会,去拉雅人和其他放牧牦牛的部落的生存环境和他们相会,了解他们独特的文化和半游牧的生活方式。在加萨泡了一天温泉之后,我感到无忧无虑、精力充沛,从温泉沿着陡峭的山路往童话般的加萨宗堡爬时,我的步子像安了弹簧一样轻快。

去拉雅的小路从加萨宗堡开始。那是个阳光灿烂的大晴天,头一天的路不太费力。我们在克依纳的一个公共茅舍里舒舒服服地过了一夜,茅舍就在一条溪流的岸边。这个茅舍中的公共房间由一个炉床取暖,它也是拉雅人下到加萨和普那卡的路途中,通常过夜的地方。

次日的行走甚至更可爱,空气晶莹晴朗还透着芳香,树木呈现出秋日独有的层层色彩。我们前行的小路沿着一条河的河道,很缓,走在上面连大气都不用喘,几个小时很容易地就过去了。然后我碰到一位名叫旺姆的失明的孕妇,她坐在一棵树下,她6岁的儿子担任她的向导。旺姆的故事很悲惨——自从她丈夫死后,她在婆家就不再受待见了。她自尊心很强,觉得自己再也不能忍受他们的侮辱,不能再这样委屈下去，于是就在这棵树下草草搭了个临时窝棚，等着把孩子生下来。我禁不住想，人类真可以比其他任何物种更残忍，这可不是第一回了。塔拉扬纳(度母)基金会"收养"了旺姆，我们给了她一个家。三个月之后，那个孩子生下来后，我们还按月给她一笔生活费。

傍晚时分，我们就到了拉雅外围，海拔有3800米，我们到那里之前，差点发生了一场灾难。就在我们进入河谷几分钟之前，我们驻足观看两头巨大的牦牛在小路上方的陡峭山坡上打架，角顶在一起。突然间，战败的那头牦牛以极快的速度冲下山坡，直奔我们而来。我逃到一边，只差几秒钟没被它撞上。几分钟之后，我走进了为迎接我们一行而搭建的到拉雅的彩门，心还在狂跳。展现在我们面前的，是迷人的景色——宽阔的高原，马萨岗峰的雪峰俯视着它，高原上星星点点分布着漂亮的石头房屋和散放的牦牛，数百面经幡在微风中飘扬，一个牧人一边把他的牧群围拢，一边唱着歌，歌声不绝于耳，在山谷中飘荡。

黄昏已经降临，村子中心燃起了篝火，所有的拉雅人都聚在篝火周围招待我们。在火光的映照下，女人们表演了她们的传统舞蹈，男人们则引吭高歌。有一首歌特别悲哀，唱的是一头公牦牛太老了，干不动活了，请求他的主人在一年一度的宰牲时节不要杀他，让它在拉雅开满鲜花的牧场上平静地结束它的岁月。表演之后，拉雅女人们都摘下她们的小尖顶帽，扔到地上堆成一堆，这是她们对来访者表示尊敬的传统姿态。之后我很好奇地要求看看每个女人如何准确无误地认出她自己的帽子，因为在我看来，那些帽子绝对都是一样的。聚会很晚才散，之后我才去就寝。

加萨区所属的四个格沃(乡)或县当中，拉雅的人口最多。它有138户人家，有一个社区学校、一个初级卫生站，还有一个新建的农业中心，我就在那里住宿。牦牛是拉雅人生活的中心，是他们吃、

加萨宗堡

穿、住的主要来源。春季和夏季,拉雅人离开他们在河谷里的家,和牦牛一起迁徙到高处的牧场。在那里,他们住在自己纺的牦牛毛做的帐篷里。这些帐篷都防水,很结实,可以用几十年。在冬季最寒冷的时节,拉雅人再次搬迁,带着他们宝贵的牦牛肉、酥油和药草,到下边的河谷或卖或换。他们还有一个很好的收入来源,就是做脚夫——他们的耐力很有名,即使是女人,也可以背50千克重的东西。灵石-拉雅路线在外国徒步游客中越来越有名气,也给拉雅人带来了一个可喜的新收入来源和就业机会,因为拉雅人可以当他们的向导和脚夫。

拉雅女人长及脚踝的黑色呢裙(叫做足木)和上身短外套(叫做肯甲)是用牦牛毛织的,式样很简单,只有一些竖条条。她们的时尚是通过齐肩长的头发和大量的银首饰表现出来的,她们甚至在背上也戴着银首饰——除了戴项链和手镯,她们也戴着很迷人的小银匙,这可能是为了旅行用着方便吧。和不丹其他地方只有女人织布不一样,在拉雅,男人也参与织布——就是他们用一个升降纺锤把牦牛毛纺成了线。除了衣服和帐篷,牦牛毛还用来做非常耐用的绳索、麻袋以及最暖和的毯子。

拉雅的一所房子在不丹历史上很有名,我次日一早最先拜访的就是那所房子。1616年,当不丹国的创建人夏仲·阿旺朗杰从西藏逃到不丹时,第一个收容他的地方就是拉雅的这所房子。1606年,夏仲已经作为西藏惹龙寺第18世住持传人坐床,那是竺巴噶举教派的带头人。但是另一个人也声称是惹龙寺住持的传人,他受到当时卫藏地区很有势力的首领的支持。面对不断的骚扰,不断听到卫藏首领打算进攻惹龙寺并把他杀掉的传闻,夏仲决定离开那里前往不丹。他在不丹有很多信徒,他的祖先在不丹建了好几座寺庙。在他最坚定的支持者当中,就有受人尊敬的加萨喇嘛奥博措,他极力要夏仲来不丹。就这样,在1616年,22岁的夏仲和他的追随者越过边界,到达拉雅,奥博措喇嘛就在那里恭候他。

这所房子属于世袭的拉雅县长家,他们自豪地看守着夏仲将近400年前给他们祖先的礼物——一块三面体的绿松石,色泽是最清亮的蓝色,还有一口巨大的铜锅。这家人的米袋一路堆到天花板——在拉雅,这是一种地位优越的象征,说明他们很富足,粮食很有保证,即使粮食放陈了,不具备任何营养价值,也不用担心!

我访问的下一家是奥姆仁青,她是个俊俏的寡妇,55岁,有两个漂亮孙儿。她34岁的鳏夫儿子丹增和她住在一起——很不幸,他年轻的媳妇在7年前投河自尽了,他决定不再结婚。丹增有42头牦牛(包括

上：拉雅女童 (Yeshey Dorji/摄)
下：拉雅女人别具特色的小尖帽

12头骑牛)和5匹马,在拉雅算是中等富裕的人——最富的有300多头牲畜。我从他那里了解到,一头完全成年的母牦牛重约300千克,一头公牦牛重约500千克 (躲过那头冲下来的公牛真是万幸)。然而,它们尽管块头大,却是步履很稳健的动物,能够攀爬几乎是直上直下的陡坡,走过深深的积雪,以跟它们身体很不协调的优美步伐穿过山石间狭窄的空间!

我的下一站是村里最贫困的一户人家——只有一层石木结构的楼和7袋米。主人是一个未婚母亲。我发现这里和克恒一样,十几岁就生孩子的未婚妈妈数量非常之多,都是跟经过此地的男人短暂相遇的结果。人们对这些孩子没有歧视,但是对他们的母亲来说,生活很艰难。因为在一个需要大量体力劳动的环境里,她们得单打独斗地养家糊口。单是对付牦牛,就需要有很大的力气。

在拉雅,结婚是件很简单的事,用不着任何正规的仪式。这里的风俗是,如果一个年轻人和一个姑娘一起过夜,然后留下来和她家人一起吃早饭,就可以理解为他娶了她了。另一方面,如果他在夜间像贼一样偷偷溜出来,不见姑娘家的任何人,那就意味着他没有打算做出长久的承诺。

一妻多夫的习俗在拉雅也很盛行,就是一个女人嫁给几兄弟。我拜访了一位这样的女人,叫央吉,43岁,她嫁给了四个兄弟。央吉身材高挑,长相可人,大大的眼睛,落落大方的微笑,美丽的首饰,卷曲的头发实际上是涂了芥花油,她可是拉雅名副其实的王后。她的大房子是两层,屋内摆放着地毯、被子和一袋袋的鱼干,当然还有几十袋米,都靠着墙往上堆着,令人印象很深。她告诉我,她有四个孩子,但是拒绝泄露每个孩子的生父是谁。"他们都是我所有孩子的父亲。"她对我说,还说她没有特别钟爱的丈夫。她的婆婆个子很小,

[加萨] 冬季迁徙下山的拉雅人一家

听着这番话也很赞同。她最后还是透露说，4号丈夫拉巴赛图比她小9岁，是她正在上学的小孩的生父。长兄对几个弟弟都负有责任。这户人家有一种轻松愉快的气氛，央吉显然掌握了让她所有的丈夫都高兴的诀窍。有四个丈夫当帮手，照顾家庭财富就相当足够了，这财富包括一个很兴旺的商店，当然还有大群的牦牛。

拉雅最富有的人家属于一位前国民议会议员，他以最常见的方式展示着财富——在他家，米袋子太多了，实际上都成了他房子的支撑。他的妻子拿出她最好的首饰给我看——三串大红珊瑚珠、一块夺目的绿松石和罕见的天珠。他们的未婚女儿有两个孩子，不是一个生父，但是和我先前见的那个未婚妈妈的情况大相径庭的是，溺爱着她的父母会保证她和孩子什么都不缺。

拉雅女人以她们的相貌著称，其中有一位著名的美女，占据了

人民和地域 ❀ 拉雅!

[加萨] 51岁的拉雅人曲登旺姆和她47岁的丈夫拉巴次仁

前些年所有挂历和旅游手册的页面。我见到她时,她已37岁,是八个孩子的母亲,尽管青春的朝华已逝,但是仍旧可爱。我也见到了新的招贴画女郎,18岁的帕伊德钦,她容貌轮廓清晰,面庞粉红,笑颜迷人,成为拉雅美人的新标准。

村子上面很高的地方,就是那座寺庙,有17位僧人跟着一个喇嘛学习。他们做的典礼和仪式包括一个抚慰当地山神高拉查多的特殊仪典。拉雅人把他们最好的牦牛挑出来,用色彩漂亮的家纺彩穗和鞍具把它们打扮起来,然后象征性地把它们供奉给这个山神。这些被视为神圣的牦牛被装饰得雍容华贵,很容易看出来是人为的,但是它们确实伟岸。在寺里,我们品尝了一种非常油腻的当地特产,叫曲果麻果——用酥油和糖做的硬牦牛奶酪——在供奉神牛仪典之后举行的一年一度的社区公宴上,这是必不可少的。

[福布吉卡] 饲养牦牛是高山地带牧民的主要收入。

我在拉雅的最后一个晚上，全社区再次聚集到篝火边，我们畅谈到深夜。我了解到以放牧牦牛为生的特殊快乐及危险。拉雅人显然很爱他们的牦牛，和自己的每一头牦牛都有一种默契。他们给每一头牦牛取一个名字，并慈爱地跟它们说话。牦牛是非常需要关爱的动物，一个牧人光是为牦牛的干草饲料打草，每年就要花上100个工作日。牦牛又是很害羞的动物，很容易受到惊吓，一旦受到惊吓，就会跑掉——牧人们则要花大量的时间寻找走散的牦牛。牦牛又是很挑剔的食客，它们不喜欢在森林里吃草，也不吃灌木；它们喜欢空旷的草地，喜欢草场上长的草；美丽的雪莲花之类是它们的最爱，也会提高奶的产量。牧人们密切地关注大自然的种种迹象，然后确定他们放牧的日程。春天，当报春花开始开花的时候，就该搬到高山牧场去了；当山谷里收割青稞时，就该下到低海拔地区去了。牦牛是优秀的役畜和驮畜，拉犁耕地的量可达牛的三倍，负重能力平均为80千克。

拉雅人的一大不幸，是小牦牛的高死亡率——他们告诉我，由

人民和地域 ❊ 拉雅!

被送去放生的牦牛

于野兽的攻击、严寒冬季的营养不良、蹒跚病（因大脑中的绦虫幼虫引起）以及从悬崖或狭窄的山路摔下去，他们的小牛损失率达20%。我后来到鲁纳纳时发现，在那里，小牛的死亡率高达50%。我从拉雅人那里听到的另一个抱怨就是他们牧场的退化，主要是由于岩羊和土拨鼠数量的增加——岩羊吃牧草非常贪婪，而土拨鼠的洞和暗道则侵蚀了山坡，在地表造成深深的空洞，毫无戒备的牦牛常常会掉进去。

宰杀公牦牛的季节在10月和11月，牦牛肉在全不丹都是热销货。牦牛肉又瘦又嫩，有着高山植物的味道，比最好的牛柳还鲜美。风干的牦牛肉蘸着辣椒酱吃，那更是特别的好吃。人们告诉我，最大的牦牛在灵石，就是我第二天要前往的地点。

我骑着一头巨大的巧克力色的牦牛离开了拉雅，那头牦牛叫加雷——是鳏夫丹增送给我的。加雷12岁，额头是白色的，它已经太老了，既不能用来做种牛，也不能做役畜。但是这个礼物我却不能留下——廷布的海拔，加雷是受不了的。想起在拉雅的头一晚我听到的那首萦绕于心的歌,我留了一笔钱作为它的饲养费。我要丹增答应我,绝不宰杀加雷,而是将它和平地放养,任其自生自灭。

那天晚上,我们的营地是美丽的里姆塘山谷(当地人称米姆塘),一条明晃晃的小溪从这里流过,还有一个湖。这是徒步旅行季节的最后两个星期,营地除了我们,还有四个旅游团队。那天晚上,我们都围在篝火旁,两个胖乎乎的拉雅小姑娘给我们唱歌跳舞,她们约莫十三四岁,一直跟着我们。次日早上,我跟丹增和牦牛加雷道了别,朝第一个高高的山口走去,这是海拔5030米的辛吉拉。路上,云雾短暂地散开时,雄伟的岗钦塔格山露出了它的面容。这是和这座山期待已久的约会——我是在故乡罗布岗看着它长大的,而此刻它就在我的面前!在扎波克托,开始上山之前,我们准备先坐下来喝茶。拉雅的脚夫站起来表演了九个活泼的舞蹈,他们有力的歌声和欢快的舞蹈像是给我们充了电,我们只用了三个小时一刻钟就爬上了很难爬的辛吉拉山口,到了以第三任不丹国王命名的吉格梅·多杰国家公园。

这个公园面积4329平方千米,囊括普那卡、廷布和帕罗区的北部,有令人难以置信的丰富的喜马拉雅稀有植物和动物群落。小熊猫、香獐子、有着虹彩羽毛的虹雉、稀有而难以找到的雪豹,还有相貌奇特的牛角羚——不丹的国兽,在这里都可以看到。关于牛角羚的来历,有一个不丹传说——在神完成创造地球上的各种不同生灵之后,他还剩下一些五花八门的材料。于是他就创造出了牛角羚,头是山羊的,鼻子是驼鹿的,身子是牛的,耳朵是马的。这个笨重的家伙体积和牛差不多,色泽是金棕色,在生物学上被归为一种山羚羊属。母牛角羚体重在200~500千克之间,公牛角羚体重在400~1000千克之间。吉格梅·多杰国家公园的经理是一位牛角羚专家,他领着我们来到一块盐沼地,那里聚集着一群牛角羚。我得知吉格梅·多杰国家

人民和地域 ❊ 拉雅!

野生罂粟与蕨类植物

公园大约有180头牛角羚，公园给它们提供了一个理想的栖息地，包括盐沼地、干净的水和丰盛的草。牛角羚还吃高海拔地区乌头属植物有毒的花，但却没有任何不适。在不丹传统医学中，牛角羚的肉曾经是很名贵的——一道牛角羚肉做的菜能有起死回生的效果。当然，如今已严格禁止猎杀牛角羚了，据估计它们在不丹境内只有500头。

从盐沼地溯流而上，我们在一个牦牛牧人的黑帐篷里歇脚、吃奶酪，守护帐篷的是他巨大的藏獒。这些毛茸茸的巨犬个头有小毛驴那么大，据说打败过豹子——它们无论是看家护院还是聚拢畜群都很出色。这之后再走一小会儿，我们来到山上一个古老宗堡的废墟，给人印象很深，在山脚下，散布着一些石头，想必这里曾经有个村子，这些石头都是那村子的。毁掉的宗堡有着厚厚的石墙，展示了一种高水平的石匠技艺。我躲到废弃城堡的一个小庙里，离开脚夫和旅伴们，想自己静静地呆一会儿，遥想很久以前在这浪漫的边塞城堡里住过的国王和王后，统治着他们的游牧子民。从我在山顶歇脚的地方往下看，我看到成群的牛角羚和岩羊在吃草。岩羊是雪豹最爱吃的美味，它们实际上皮毛是瓦灰色，只是在冬天看着发蓝而已。[1]

那天晚上，分散在这个地区不同营地的所有牦牛牧人全都聚集到查日加塘，带着牛奶、酥油和奶酪等礼物。他们所有的人难得有机会聚在一起，热烈地讨论种公牛、要出售的牲畜、牦牛肉和酥油当年的价格等等。和以往一样，那天晚上以唱歌来结束。次日早上，当我吃力地爬上甲日拉山口时，我碰到一拨游客，他们的行列好壮观，包括39头牦牛和9个服务生，其中还有一个厨师。牦牛们驮着8个煤气罐，

---

[1] 岩羊，英文为blue goat，直译为"蓝山羊"。——译注

因为这些地方木柴很少,不允许用木头为徒步旅行者做饭或烧水。我开玩笑地跟厨师说,一定要让这伙人吃牦牛奶和酸奶哦,因为那些不习惯牦牛奶高油脂含量的人,马上就会腹泻!

秋天最后一批鲜花把我们这一路的色彩涂得绚烂夺目。黄色的虎耳草、鲜红的红景天、粉色的拳参、星状的白色雪绒花、深蓝的龙胆草、紫色的乌头和糙苏高高的杆……我们下山时,花楸丛中垂下粉色和白色的浆果。当从一个山顶上俯看我们在加西帕桑河谷的营地时,我看到两个一模一样的小冰斗湖彼此挨着,形状好似一副仰面朝天的20世纪60年代式样的墨镜。另一件奇怪的事就是我们帐篷旁边有一块大石头,像一个长着圆眼睛、阔鼻梁、大嘴巴的人脸,这东西吓得我一夜没睡好!

次日早上我们到了车比萨,这是我见过的最漂亮的高山村庄。背靠吉曲达克 (6850米) 和次仁岗 (6532米) 积雪覆盖的山峰,映着灿烂

[帕罗] 其列拉山口遥望卓木拉日峰

的蓝天，村里的房屋偎依在一条溪流的旁边，在青稞地和浓密草场的中间。我和村民们一起吃了午饭。我觉得我下半辈子可以快乐地生活在车比萨了——除了冬天！村民们自豪地回顾起瑞典国王和王后的访问，他们几年前曾在这里停留过。

我们从车比萨继续走到另一个名叫岗玉的村子，村子周围的岩石真可称得上是非同寻常的天然排列——一组是一对完整的牛角形状，另一组则像牛头。人们告诉我，这些都是仓巴加惹的神奇创造，他在1189年创立了不丹的国教竺巴噶举教派。当地人相信，仓巴加惹曾骑着一头公牛到过这里，留下这些岩石作为他造访的纪念。

从岗玉费力地爬上贡布拉山口 (4440米)，翻过山口，就是前往灵石的路了。在灵石外围，我们又看到一次牦牛打架——一头黑牛和一头白牛打。这次，我小心翼翼地离它们远远的。白牛输了，这可能是一个不祥之兆，因为在到达灵石后，我们最好的一匹驮骡次仁俊倒毙了。

灵石宗堡屹立在一个高高的山嘴上，四面都是起伏的山峦，它的背面，雄伟的次仁岗峰和吉曲达克峰清晰可见。它原本建于1222年，后来由夏仲·阿旺朗杰于1647年重建，以保卫这段边界，防止来自北方的入侵。这个宗堡至今还在使用，灵石县行政长官的办公室和灵石小小的僧侣机构都在这里。

行政长官每天早上从他山脚下的家骑马上山到宗堡来上班——他可能是世界上少有的骑马上下班的官僚了。僧侣们和我们一起为可怜的驮骡次仁俊的亡灵念经超度，然后我们去会见灵石学校的83名学生和3位老师。大多数孩子的父母都是牦牛牧人，居无定所，所以孩子们都住校。这所寄宿学校满足了这个牦牛牧区生活的现实需要，得知它是国王的叔叔纳姆耶尔·旺楚克亲王所建时，我一点都不惊讶。他在任时非常关心百姓的福祉，已经徒步走遍了全国。

人民和地域 ❀ 拉雅！

原始森林植物

[加萨] 秋日山谷

从灵石继续走，便开始了迄今旅行中最艰苦的攀登——翻越5100米的恩吉勒拉山口。山顶风很大，寒冷刺骨。我们在那里受到了索地县长的迎接，索地在山下，还要走一天。县长告诉我们，就在几天以前，他在山口看到了一只雪豹。县长已故的祖父索普卓是我们家的故交。他是这个地方的一个传奇性的大力士，能够用牙叼起一袋米，放到马背上。国王第一次来到这个地区时，索普卓把自己的白牦牛给他骑，国王对索普卓一直照顾有加，直到他两年前去世。

从恩吉勒拉山口下来时，我迅速地绕到措普湖去看了看，它就像用一串巨大的钻石围起来的蓝宝石。在这万里无云的秋日，当看到吉曲达克峰、卓木拉日峰和次仁岗峰在措普湖亮丽的蓝色湖水中的倒影时，我的心飞上了天。不到一个小时，我就到了我在江格塘的营地，就在卓木拉日峰脚下。一个古老宗堡的废墟依然立在营地的上方——那是不丹生意人的骡队从西藏回来的路上，要停下来缴税的地方，缴税的形式是给宗堡的行政长官一定数量的盐巴。从这里到西藏的帕里只有一天的脚程。江格塘周边地区的药草地受到精心管理和采集，这些药材多半供应给廷布的国立传统医学院。我在这里碰到的牦牛牧人都很热情地种这些药草，这是一个可喜的新收入源。

我的旅途的最后一段，从江格塘到帕罗的公路起点，是一个常有人走的路线，喜欢短途行走的外国游客很喜欢这条路线，可以看到雪峰、高山湖泊和牦牛遍布的草地。湍急河流的咆哮声，桦树秋日色彩的金黄，松树的芳香，牦牛牧人在山谷飘荡的歌声……这些组成了一首色彩、香味和声音的交响曲，让我在去往帕罗这一路上饱享眼福、耳福、鼻福——给我在拉雅和灵石的牦牛牧人们中间度过的那些难忘时光画上了一个圆满的句号，这些牧人们的生活拥有着那般独特而美丽的韵律与和谐。

第十二章
天湖

不丹最难到的地方，也许就是鲁纳纳了，它在北方的高原上。但是对那些不畏旅途艰难的人来说，此行真是太值得了。鲁纳纳是山峰和冰川的国度，其间镶嵌着几十个珠宝一样的湖泊，就像色彩浓淡不一的绿松石、玉石、蓝宝石和翡翠。以其原生态的高贵几乎超凡脱俗地俯瞰着这大好风光的是岗卡彭森峰（7541米），我们的神山。这座不丹的最高峰还从未被人攀登过，事实上它也是世界上最高的未被攀登的最高峰。但愿这个诸神的居所永远不要被人类的足迹所玷污。

和这方土地一样令人敬畏的是那里的人民——鲁纳纳人相貌英俊，以他们身体的耐力、独立的精神和不好相处的气质而闻名。他们蔑视温暖的河谷里舒适安逸的生活，对自己的土地有很深的眷恋，以能够在艰苦的环境中生活为自豪。与拉雅人和灵石人一样，鲁纳纳人也是牦牛牧人。

1994年，鲁纳纳闯进了我们的意识，因为当时反常的暖春气候导致冰川的突然融化，雪水流进鲁纳纳诸多湖泊之一的鲁格措。湖水以巨大的力量冲出它的疆域，造成下游很远的普那卡的父曲河突发洪水。正在修复普那卡宗堡的23个工人被洪水吞没。这次溃湖还造成了鲁纳纳生态的毁灭性变化，把富饶的牧场草地变成高海拔的沙漠。自那以后，我们就开展了研究冰川融化模式的重大项目，通过为这些湖

岗卡彭森峰 (Yeshey Dorji/摄)

泊创造排水系统来防止今后类似的突发洪水。

徒步走到鲁纳纳至少需要8天，路途极为艰险，山口陡得让人心颤。事实上，久经风霜的国际徒步旅行者都把到鲁纳纳的"雪人徒步之旅"看做世界上最难走的路线。每过一年，我想要去鲁纳纳的梦想似乎就更难实现。2002年初，在去索地的那些山期间，在靠近卓木拉日大本营的地方，我的脸肿得像棵圆白菜。我意识到，我不能再指望不受高山反应的影响了，也不能放弃我去鲁纳纳的计划——我已经47岁了，要么现在去，要么就再也去不成。所以，那年夏天，我动身前往这块遥远的土地——"彩虹之上的一个地方"[1]……

我的鲁纳纳之旅从对一个圣地的朝拜开始——那是吉昂次普的岩洞神殿，距普那卡河谷骑马要走一天。(我骑马而不是步行，因为这里的地上尽是蚂蟥，让我不寒而栗。)这个神殿遗址据说在莲花生大师8世纪来这里时受到过他的赐福，是给他的妻子益昔措杰的。相传大师在这里发现了一个"长生不老泉"，他在这里时，有10万个空行母飞天聚集在这里。17世纪时，夏仲·阿旺朗杰造访了这个岩洞，并发愿在这里建一个神殿，但是这个愿望在他死后才由第悉丹增·拉布杰实现。老神殿在20世纪50年代由不丹第二世国王的妻子彭措曲登王后修复，她在这里静修了两个月。我自己对这个神殿的拜访是匆匆忙忙的，因为就在祭坛旁边，我看到了蚂蟥；所以，祈求莲花生大师保佑我们此行一路平安之后，我们就继续前往拉米纳，这是鲁纳纳县的第一个小村，我们在那里宿营过夜。那天夜里大雨倾盆，我坐在滴雨的帐篷里，真担心我们到鲁纳纳高地的探险会流产。

---

[1] 《Somewhere, over the rainbow》是电影《绿野仙踪》里的歌曲。——译注

还不错，第二天早上阳光明媚，我们早早就动身上路，因为这一天要走很长的路才能到我们在加西普的营地。陪伴我们的，是来自鲁纳纳和前往加萨路上的一个村子果恩莎日的脚夫。带领这些脚夫的，是年轻而高大英俊的普巴，号称是鲁纳纳最有力气的人——他可以毫不费力地背起一匹马载的货物，并把我们所有的人甩在后边好几步远。一跨过把蚂蟥区和无蚂蟥区分开的那条溪流，我就感到精神多了。面前的小道领着我们渐渐登高，到了一个小山口，在我们的西面，我看到了许多湖泊当中的第一个。然后就开始攀爬当地人称为"铁梯"的一段路，几乎是直上直下，而且非常滑，还有水滴到石头上——需要最大的谨慎和全神贯注来攀越。

　　谢天谢地，我们有惊无险地翻过了铁梯，很快就看到了我们在加西普河谷的营地，它周围有很多岩石洞穴，左侧是云遮雾罩的山峰。鲁纳纳的脚夫们熟门熟路，很快就"包下"他们要过夜的岩洞，而果恩来的脚夫则显得茫然而疲惫——他们攀爬铁梯的时候极度恐慌，把他们背的东西都落在了底下。虽然天已经黑了，但是我们的鲁纳纳脚夫还是伸出援手；他们返回到铁梯下面，又带着我们的全部行李安全回来。吃罢就着辣椒奶酪的米饭的晚餐——对我们不丹人来说那绝对是最舒服的美食——我在一块巨大岩石的遮蔽下，在睡袋里美美地睡了一觉。

　　次日早上，也就是我们此行的第二天，我们初次领略了鲁纳纳的神奇风光。从我们在加西普的营地只走了两个小时，就来到了月措——绿松石湖。这个湖的形状像一个完整的海螺壳，湖水来自它上面的色措，也就是金湖。月措呈幽暗的青蓝色，周围都是岩石。这之后，我们的小道就明显不好走了——很长一段都是泥浆和烂泥，我们走得很吃力。

　　当看到远处那条通往玉色纳荒凉险峻的小路时，我们的自我感觉又好了一些。玉色纳是不丹最与世隔绝的居民点,到那里要走两天半,翻过两个高高的山口。到玉色纳的驮道太窄,完全成年的牛都走不了,所以带上去的只有小牛犊。就连大米和其他粮食,一次也只能往那里运一点,藏在悬崖的缝隙中,以后再慢慢取出来。现在玉色纳只剩下三户人家居住,总共只有12口人,几年前还有15户。只有一位政府官员真正设法一路走到过玉色纳——那是一位大无畏的社区医疗技术员,带着必需的医疗用品和疫苗上去的。区里的最高长官曾经由几个壮汉陪伴想去那里,可是走了一个星期,还是放弃回来了。我发现自己一直在想着那12个留在玉色纳的人的生活。他们坚持以那种越来越难以坚守的方式生活,必定是非常自给自足,并非常眷恋他们的土地——他们也一定会时不时地受不了彼此而发发脾气吧!

接近我们在江萨的营地时,路好走了,风景也变得迷人,长满苔藓的岩石分布在一条亮闪闪的溪流边上,大地铺着开满鲜花的地毯——有报春花、贝母花、黄罂粟和小小的孔雀草,还有其他许多种精美的高山植物。我们的营地在岗竺拉山口的脚下,虽然面临次日艰难的攀爬,但是那天晚上,我们还是很放松,去牧人的黑毛帐篷访问牧人和他们的家人,称赞他们俊美的牦牛,看女人们用搅拌桶打酥油,用大圆石头挤压乳清,做奶酪。酥油和奶酪要换粮食、茶和牧人们需要的其他必需品。

次日一早,我们就开始攀登岗竺拉山口。我们在一个叫"三人亡"的地方翻越了三个小绿松石湖,它们彼此挨得很近。叫这个名字是因为在那里有一家三口在一场突然发生的暴风雪中遇难了。人们还带我去看了另外一个地方,一个女人死在那里,还有驮道上方的一个岩洞,一个男人几年前死在那里——两人都是冻死的。在爬到积雪很深的岗竺拉山口(5000米)的山顶前,我们又看到两个湖。在山口的最

人民和地域 ❀ 天湖

密林中捡拾柴火的老人

岩石青苔

高点，我们为国王串起了经幡旗，然后慢慢地，默默地，一步一步专心致志地走过了这片冰地。我听他们说，这里不久前有12个年轻人和15头牦牛掉进了裂缝，死了。鲁纳纳人的风俗是，如果有个同伴死在风雪中，平安到家的那位就会矢口否认他曾经同他在一起。

我浑身透湿，冷得发抖，开始感到头昏眼花，还有些恶心，于是吃了两粒泰诺，继续前行，直到把岗竺拉山口甩到我们身后。午饭是冷米饭和小萝卜，我们和筋疲力尽的脚夫们一起分享。在我们翻越岗竺拉之前，就把所有的驮马都打发回去了。从山口下山的路非常陡，似乎老也走不到头，所以到了营地时，真的松了一大口气。营地在一

[加萨]只有寥寥二十几户人家的县城

个漂亮的林区,沃齐温泉就在旁边。这一天走了很长的路,真是筋疲力尽,但是我看到了五个美丽的湖。我累得不想去温泉里泡,所以请人把温泉水打上来送到我的帐篷里。我的脸已经肿起来了,只好吃了乙酰唑胺(迪阿莫克斯)来对抗高山反应。

次日早上,我得到了一个意外的惊喜——我的老朋友加雷,就是拉雅那头巧克力色的牦牛,和他的主人丹增在等着我呢。鲁纳纳的一位牦牛牧人,70岁的阿波次仁,也赶来他的两头牦牛给我们骑。我骑着加雷会见了沃齐村的百姓,我给他们带了羊毛毯——村里10户人家,每家一条。果恩莎日来的脚夫到沃齐就回家了,他们重新认识到下面更温暖的河谷里的生活要相对容易许多,同时对鲁纳纳人的勇气和耐力也不得不佩服。

离开沃齐后,我们翻过了一个小山口,即海拔4666米的科奇拉山口,经过一个小湖,然后开始下山到斯热加。我一边往下走,一边打开收音机,因为我已经请不丹广播电台给我哥哥桑加点播了三首我最喜欢的歌,桑加此时正在从东到西徒步横穿不丹,从不丹东部的塔希冈走到廷布,背着37千克重的背囊。作为卫生和教育部部长,桑加这次徒步长征,是为了给我们的国王创立的健康信托基金筹款。(他的徒步行走激励了这种努力,现在已为这个基金筹到1800万美元的善款。)不丹广播电台可以达到国家最边远的地区,彼此距离很远的家庭和朋友多用它来保持联系。

我们又经过一个湖,再下去一点,就到了一块神圣的岩石,叫杜嫫塔博萨,旁边有一个佛塔。这块岩石上有一道窄窄的裂缝,可以往里面投一枚硬币求好运,如果没有投到裂缝里,那就是不祥之兆。我默默地祈祷,仔细地瞄准——投中了!我遇到从斯热加和善加这两个小村来的牦牛牧人,并把我带来的羊毛毯给了他们。他们告诉我,他们的土地只能种青稞和几种块茎蔬菜,另外,1994年的洪水摧毁了他们的牧场,逼着他们爬到越来越高的地方来给他们的牲畜寻找食物。

我们离开善加不久,经过一个美丽的小水磨后,洪水造成的灾害就明显起来——1994年以前曾经是富饶的牧场的地方,现在成了一片宽宽的沙河床。在暮色中骑在加雷宽厚舒服的背上走过这个地方时,我寻思着,在这样的地貌上,骑骆驼恐怕更合适。那天晚上,也就是我们此行的第五个晚上,我们在鲁纳纳县中心雷地的社区学校附近宿营。这里只有9户人家,我们的房东吉昂次仁是鲁纳纳的国民议会议员,他是个帅哥,不过两颗门牙没了。我很快就了解到他的门牙是怎么掉的了。他27岁以前一直在加萨宗堡出家,后来和他16岁的邻居结了婚,就是从我们此行第一天就一直跟着我们旅行的那个年轻的大力士普巴的妹妹。结婚以后,吉昂次仁喜欢上了俗家的生活——特别是酒和女人,玩得津津有味。他的年轻妻子非常生气,就跟她哥哥诉苦，这位老兄一拳重击，就把吉昂次仁的牙打掉了。我听说，从那天以后，他再也没有沾花惹草！

次日上午，我们碰到了一个奥地利的工作组，他们是两天前乘直升飞机过来的，来研究冰川融化的速度和湖泊的排水体系。他们告诉我，这片沙荒地需要至少15年才能恢复成牧场。在此期间，牦牛们就要挨饿。附近村子22户人家的百姓也已经聚集到雷地，他们的牦牛现在被迫在很陡的悬崖边吃草，很多牦牛掉下悬崖摔死。他们表达了对这些事的苦恼，还迫切要求沿着父曲河的河道建一条新的驮道，这样便可以大大缩短他们的旅途，让他们距离普那卡只有"一箭之地"。我看到的鲁纳纳的民生情况，已经足以使我认识到，即使他们想要的驮道很粗陋，也会大大地改善这些百姓的粮食保障和医疗设施。

我和雷地社区学校的22名学生和两位教师度过了一个快乐的上午，和他们分享了我带来的苹果，之后就到了再次上路的时候了。沿着河道上山到措德宗村，要走三个小时。1994年突发洪水时，住在措德宗村最边上的房子里的一个女人和两个孩子被淹死了。这个村有26户人家，房子都是石头建的，围着一个古老的宗堡，据说建于17世纪初。宗堡的三层中心塔里有一个神殿，里面都是美丽的造像和精美的古老唐卡，包括很少见的一幅夏仲·阿旺朗杰年轻时的画像（在画像中，他通常留着长长的灰胡子）。和以往一样，在访问偏远角落的庙宇时，我会被它们保存的宝贝惊倒，那都是很古老、艺术品位很高的珍宝，是世界知名的博物馆都愿意展示的珍宝，但它们却不为外界所知。我希望这些承载着好几个世纪的信仰和奉献光环的物品，绝不要为了防止艺术品窃贼而被锁到保险柜里。措德宗就像一个失落的伊甸园，坐落在蔚蓝的天空和塔博峰（7000米）的皑皑雪峰之间。

从措德宗继续走，我们越过了一大片有四千米长的沙地——又是

人民和地域 ❈ 天湖

上学路上的孩子

用牦牛毛纺线织成的雅思拉可以用来做毯子或者外套。

1994年洪水的后果——然后继续朝坛扎走,我们要在那里过夜。坛扎海拔4100米,是不丹北部最高的村子,我们到那里时,天已经黑了——从早上我们离开雷地,已经过去了十几个小时。次日早上,即我们此行的第七天,我醒得很早,感觉自己真是47岁了。我觉得我那天什么也做不了——走得很疲倦,就连会见这么多不同村子的村民并和他们谈话也很累。但是我一出帐篷,情绪就高起来——我的眼前是初升的太阳抚摸坛扎拉群峰的壮丽景色。匆匆吃过米饭就辣椒奶酪的早餐后,我顿时有了力量,骑着牦牛加雷爬上我们营地正前方的山。山那边有三个湖,陪伴我们的是我们的牦牛牧人朋友,70岁的阿波次仁。那个早上,他很凄惶,因为前一天把最心爱的黑皮夹克掉在雷地附近的什么地方了。虽然上了年纪,阿波次仁却是个爱漂亮的家伙,对自己的仪表非常自豪——我称他为赫里尼克·罗斯汉[1],因为和这位宝莱坞电影明星一样,他的一只手有六个指头。当我送给他一件很潮的新羊毛夹克时,他非常开心。

在我们骑行上山时,一个牦牛牧人的歌声在清朗宁静的空中回荡。无论是在拉雅还是在鲁纳纳,牦牛牧人的歌中都有一种不能释怀的东西,而这个早上我听到的这支歌,非常感人,非常诗意,我不由记下了歌词。这是一头等待宰杀的公牦牛发出的哀叹。歌词大意是:

牦牛拉达的挽歌

牦牛勒佩拉达的脸多么美丽,
牦牛勒佩拉达,天赐的小牛。
我要描述我的家园和小路吗?
我应该告诉你我的家园和小路,
它们在高高的雪山上。
在开满鲜花的高山牧场,
那鲜花盛开的地方,就是我的家乡。
我在高山草地上游荡吃草,
喝的是冰川湖水。
当我高兴时起舞腾跃,
我是在远山的脚下跳舞。
然后大老爷的命令传来,
大老爷腰间挂着佩剑,

---

[1] Hrithik Roshan,印度宝莱坞当红明星,有"世代天王"之称。——译注

中国和不丹的界山卓木拉日群峰

> 他要把牦牛勒佩拉达带走，
> 拉达别无选择，只有随他走。
> 当屠宰的大限来临，
> 不幸降临到我，牦牛勒佩拉达的头上。
> 雪峰高高在上，是多么高！
> 拉达的生命之树，是多么矮小！[1]

过了一会儿，我从牦牛上下来，开始沿着河床走，洪水之后，河床里尽是锯齿状的松散石头——这是名副其实的障碍之路，我的脚很难受。走了快四个小时之后，我到了鲁格措湖——就是1994年溃坝造

---

[1] 根据多杰彭乔翻译成英文的歌词转译。——译注

成灾难的那个湖。景色很壮丽,这个绿松石般的湖北边,是高耸的雪峰,在它们面前,我感到自己的渺小和微不足道,就像我在湖岸上看到并且已经作为护身符放进我的口袋里的那块小小的心形石一样。我捧起湖水浇到我的头上,磕了五个长头,对湖神表示敬重,又投了八枚硬币在湖里,作为供奉。我在湖边用了午餐,同行的有一位60岁的富有冒险精神的日本教授,还有他的两名学生,他们也在研究如何把过多的湖水和缓地排出去的办法。这时,大块大块融化的冰不断掉进湖里,发出铿锵的回响。

我们继续走,又看了两个湖——深蓝的坨坨美措,鲁纳纳最大的冰川湖,四周堆着巨大的黑石头;还有它下面碧绿的拉波司朗措,环绕它的是桧树,外边一圈是雪峰。几天之后我才得知,这两个湖都潜藏着未来灾难的隐患。由于全球气候变暖,坨坨美冰川和它周围的雪地正在消融,坨坨美措和拉波司朗措的水位都在危险地升高,如果这两个湖溃坝,会释放5300万立方米的水,引起的洪水泛滥将是1994年洪灾的三倍。我们对人工降低坨坨美措的水位制定了详尽的计划,希望这些计划能够在灾害再次降临之前完成。

但是,我们那天看到的两个湖的湖水,都是澄澈而宁静的,还有山峰的倒影。吉格梅·多杰国家公园的护林员廷里密切注视着这些湖和冰川,他问我愿不愿意给贡托拉山脉右边的那个山峰起个名字,它的俗名是塔博峰或桌峰,从我们所站的位置可以看得很清晰。我当即高兴地命名它为岗钦辛格峰——这是以我们国王的名字来命名的,他对于他的子民就像一座高大的山峰,永远在那里肩负他们的重担。

当晚,我们便回到我们在坛扎的营地。我们围着篝火,和来自附近村子的家庭联欢,听74岁的阿波切西讲故事。他告诉我们他和村子里的其他人过去如何越过边境去西藏做易货贸易,要在冰封的山坡上

山区牧民父子 (Yeshey Dorji/摄)

砍出一个个落脚的地方一步步走，用绳子把大家栓到一起。我们分发了101床羊毛毯给他们，还给当地老年人发了基拉和帼。这之后，我们的行李重量大大减轻了。

我们次日的目的地是索林姆湖，大半都是上山路，但是我当天没有上去——我的胃痉挛引起剧痛，我们不得不停下来，在路上建了个"紧急"营地。第二天早上，我觉得好些了，于是咬着牙继续走——"心想事成"，我在心里不断地给自己打气。在我们快到索林姆的时候，我渐渐又有了精神。索林姆是一个长长的波光闪闪的蓝色湖泊，周边是贡普拉山脉。我们随后翻过了5345米的贡普拉山口，下到我们神圣的岗卡彭森峰大本营附近。我们的营地周围遍地是盛开的矮杜鹃——在这个海拔，没有树能生长，我们还在林木线以上，夜晚冷得刺骨。

次日的黎明灿烂晴朗，沿着散开着鲜花的宽阔山谷行走，非常愉快。走了两个小时，我们就到了岗卡彭森的大本营，这里是给不丹带来了生命和繁荣的三条河的发源地——布姆塘的查姆卡曲、蒙加尔的库日曲以及通萨的芒德曲。这些河的水提供的水电，是不丹主要的财富来源。我站在这座伟大山峰的前面，希望有朝一日我的孩子都能到这里来，体验他们祖国这个角落的独特美。至于我自己，我悲哀地意识到，我不会再走这条路了——高山反应已经开始造成损害了。我服用了迪阿莫克斯来减轻水肿，它的副作用导致我的舌头、手和脚有一种奇怪地发麻的感觉。那天我们碰到了很多牦牛牧人的驮队，在往鲁纳纳更高的牧场搬运。其中有一个年轻的母亲，把她襁褓中的女儿绑在她的背上。这小家伙的生日和我的是同一天。她还没有名字，她妈妈请我给她选择一个名字。我把自己的名字多杰旺姆给了她——有些要完成我在鲁纳纳的未了心愿的意思。那天晚上，我们此行的第十夜，我们在海拔4210米的门曲岗的一个牦牛牧人的营地宿营。

接下来的一天，我们面临着翻越日木拉山口的重任，非常具有挑战性。我缓缓地一寸一寸往上挪，同时拄着一根登山杖做支撑。当最终到达山顶的时候，我在其他旅行者留在那里的一个玛尼堆顶上放了一块大石头。然后，我们像其他翻越旅途中特别危险的山峰或者走过了疲乏的路程的人们一样，兴高采烈地齐声欢呼"拉格罗！"——众神胜利了！接着，我们继续走了几个小时，穿过一段红土和沙土地带，然后开始又一次的攀登，翻越4820米的萨卡拉山口。在我们辛苦地走上山口时，看到一个可爱的形状像树一样的碧绿的湖，让我们从低落的精神和酸痛的肌肉中重新振作起来，那个山口的一块大石头好像一条肥大的鲨鱼张开着大口。在我们下到我们在瓦如塘(4550米)的营地时，开始下雪了，浓雾弥漫，我们赶紧躲起来休息过夜。

次日早上，我们爬了半个钟头就到了鲁埃拉山口，之后我们下山穿过浓密的杜鹃和桧树林，在那里等待我们的是一个难得的景象——五只虹雉栖息在一棵树上。我们停住脚步，目不转睛地看这些最美丽的喜马拉雅鸟，看它们如彩虹般绚丽的蓝、金、红、黄色的羽毛，还有它们头上特色鲜明的冠。射箭手非常看重虹雉的羽毛，用它们来固定最好的箭头。又走了一小会儿，我们下到3310米的杜尔温泉。浸到温暖的池子里，把酸痛都泡掉，真是享受。我们在杜尔呆了三天，饱享温泉的疗效，也欣赏周围如画的景色，为接来下我们最好的一段旅途做好准备。即将到来的行程会带我们下到不丹中部宽阔平缓的布姆塘河谷。

次日早上，当我们艰难地爬上海拔4470米的果通拉山口时，我们果然需要所有的力量储备。雪下得很大，小道又陡又滑又泥泞。当我们吃力地走过雾雪时，我们感觉自己好像身在经典老片《消失的地平线》的一个场景中。路上，我们在一个牦牛牧人的茅棚里找到了能躲雪的地方，挤在他用牦牛粪烧的火堆周围，吃了午饭，然后继续上

人民和地域 ✺ 天湖

上：[旺迪] 自制炒米
下：[旺迪] 酿造青稞酒

路，沿着查姆卡曲的河道走。

不久，我们碰到一伙人，他们正在做牧场开发的调查。其中一个年轻人，高山反应很厉害，身体浮肿而且神智有些不清。他们正急着把他送到低海拔地带去。幸好我们的随队医生带着一个氧气罐。如果我们的旅途不是在此刻碰巧走到了一起，他很可能就没命了。确保他吸够氧并把这段旅途走完，直到抵达有汽车等着我们的公路起点，是我们艰苦的鲁纳纳之旅的奇妙终结。我们陪伴他到了布姆塘的医院，他很快就能说话了。我问他是否还记得他濒临死亡时的体验。他的回答可不像我期待的那样富有诗意或哲理。"记得。"他说，"我在想像我的女朋友听说我死了时，会怎么反应！"我们这次的徒步之旅，翻越了好几个很高的山口，走过了危险的山道，曾经有很多人从那样的山道掉下去摔死，而我们一行却没有一个人出现严重的高山反应，在最近的医疗设施也在好几天的路程以外的时候，也没有一个人生重病，我真是要为此拍手庆贺了。高山反应无法预测，过去从来没有高山反应的年轻人和壮汉都可能出现。如果有谁出现了水肿和不辨方向的症状，就要赶紧把他送到低海拔地带，这非常重要，怎么强调都不过分——我们抢救的那个年轻朋友就因耽搁久了而险些不治。

我遵循了几个简单的规则，我认为对我相当健康地完成这次旅行很有帮助：我注意喝水，保持充足的水分，饮食则非常有节制，因为最消耗人的精力的，莫过于暴饮暴食了。我行走的步伐缓慢而稳健，感觉疲劳时，决不要不好意思停下来喘口气——往往在你感觉疲劳或者匆忙赶路时，就会失足出事。而且我相信，在这样一段旅途中，心智的锻炼与体能的锻炼同样重要——一个人的耐力在很大程度上取决于他的心境。我到鲁纳纳的旅途给我的教益很多，其中一个就是我们的能力比我们自己设想得要强很多。

第十三章
蕃巴人的河谷

很久以前,在西藏南部的错那地区,住着一个暴虐的头人,叫亚桑。有一天,他想出了一个新的毒辣办法来压迫他的子民——他命令他们把他宫殿前的山削低,好让更多的阳光照进他的房间。百姓们辛辛苦苦地干这个折断腰的活干了好几年,每天从日出干到日落,也不过只能在山上凿出个凹痕。一天晚上,几近绝望的人们聚在一起讨论对策。参加聚会的人当中有一个美丽的年轻女人,叫奥姆珠姆,她说:"把头人柔软的头砍下来,不是要比砍坚硬的岩石山容易吗?"她的逻辑无可辩驳。

于是,错那的百姓就为头人安排了一个盛大的宴会,准备了很多吃的喝的。宴会结束时,他们宣布要表演壮观的剑舞,当地青年以擅长这个舞蹈而闻名。喝得醉醺醺的头人看着他们拔出剑来,转了几转,做了几个夸张动作之后,就冲到他跟前,砍下了他的头。这件事做完,百姓们意识到他们不得不逃离错那,奥姆珠姆和他们景仰的喇嘛甲日巴一起,提出要带他们去一个新的家园。

跋涉了好几个月,翻过皑皑雪山,穿过密密森林,越过奔腾的河流,走过深深的峡谷,这些难民赶着自己的牦牛和绵羊,终于到了一个非常高的山口的脚下。最强健的人和牲畜得以翻越了山口,在那里,他们找到一个长满了灌木还没有人迹的美丽高原。他们点火烧掉灌木,清出一块空地,在那里安下家。这个地方被命名为梅拉克,意思是

"点火"。但是大多数人太累了，连翻越山口的尝试都没有，就决定回头。(那个山口被他们命名为尼亚克琼拉，意思是"疲劳"。)在他们往回走的路上，他们翻过一座小山，来到一个宽阔美丽的富饶河谷，谷地里长满了竹子，周围都是杜鹃花。他们意识到他们终于找到了答应给他们的家园，于是给它命名为萨克腾，意思是"最顶上的土地"。

不丹最东边的两个偏远定居点梅拉克和萨克腾，就是这样建立起来的。这两个地方的人，即蕃巴人，保留了他们独特的传统和习俗。和拉雅人、灵石人及鲁纳纳人一样，他们也是以放牧牦牛为主。领着他们逃离西藏的奴隶制并来到不丹这些尚未有人发现的河谷的奥姆珠姆，如今被蕃巴人当作神来崇拜。他们的寺庙里保留下来的古代文本，以及口口相传的传说，证实了梅拉克和萨克腾的蕃巴人的来历，只是对他们到达的日期有些争议——有些信息说他们是7世纪来的，另一些则说他们是15或16世纪来的。我2001年5月对梅拉克和萨克腾的访问就像一次"奇幻之旅"(借用甲壳虫老歌《Magical Mystery Tour》的歌词)，充满了值得记忆的神奇体验。

梅拉克和萨克腾在塔希冈区。热闹的塔希冈镇是区府所在地，主要是因为它建于1656年的宗堡戏剧性地坐落在一个高高的山嘴上，俯瞰着当米曲河深深的峡谷。冬季在塔希冈常常能见到梅拉克和萨克腾的蕃巴人，他们下山来用他们的牦牛皮交换大米和其他货物。经常可以看到他们在镇子里随处溜达，带着一种信心满满、如喝了米酒般兴高采烈的架势。他们的好脾气和富有感染力的笑声，把大群人吸引到他们周围。蕃巴人不可能不受到注意，因为他们的穿着和其他任何地方的不丹人都不一样。最具鲜明特色的是他们的头饰，叫做次皮查姆——一种圆形黑毡帽，有点像法国的贝雷帽，从帽檐伸出五个长长的尾巴一样的穗。这些是用来排水的，不让雨水流到他们的脸上。蕃

人民和地域 ❈ 蕃巴人的河谷

上：[塔希冈] 蕃巴人

下：萨克腾妇女 (Yeshey Dorji/摄)

巴男子穿着扎腰带的红色呢上衣、毡子短裤、皮护腿和齐膝的呢子配皮的靴子，外边再套一件鹿皮或小牛皮外衣。这样的装束能保护他们在走进森林赶拢牦牛时不被荆棘刺伤，腰带上垂挂的一个圆形的小毡子则用来做随身的防水垫。蕃巴女子身穿粉色白色条纹的生丝裙，长袖红衬衫上织着可爱的花和动物图案。天冷时，穿一件黑色呢上衣。一条黑色毛呢围裙系在背上，用作便携的垫子，也更加保暖。无论男女，耳朵上都挂着大块的绿松石——他们相信，绿松石会确保他们死后不会缺水，消除灵魂的饥渴。

从塔希冈到梅拉克和萨克腾的徒步之旅开始时，我碰到了一件最奇怪的事，对此没有任何合理的解释。旅途的第二天，我在斯热普村过夜，去拜访村子附近美丽的古庙拉莫伊贡巴。这个庙里有我所见过的最庄严的佛陀造像。祭坛前的木地板有一个凹进去的足印，那是一个信徒的足印，他在这里磕了一千个长头。四面墙壁上都是精美的壁画。庙里的夏仲像也很独特，那表情既滑稽又严肃。但是当我走出寺庙的时候，我突然感觉非常不舒服，便独自在一块玉米地里坐下来，好振作起来，然后去会见在地头等着我的村民们。

我看到在那块地的中央，一头棕色的公牛和一头黑色的公牛角顶在一起，打得很激烈。棕牛很快占了上风，把黑牛从梯田的尽头赶了下去。过了一会儿，我勉强可以起来，跟村民们短暂地见了面。然后，在继续前行时，我的旅伴注意到有血从我右侧的太阳穴滴下来。我把血擦掉，非常困惑它是从哪里来的，因为我并没有被砍到或擦到，也没有虫子叮咬，它是怎么来的呢？一到康巴拉的营地，我就一头倒在床上，难受得坐不起来，也不能说话或进食。

幸亏我次日感觉好些了，可以进行我在康隆雪卢翠技术学院的行程，它是不丹首屈一指的高等学府。在这个学院，我对塔希冈的大

人民和地域 ❂ 蕃巴人的河谷

塔希冈镇

法师和当地一位很有学问的喇嘛讲述了我奇特的遭遇。他们都当即对我太阳穴的神秘流血做出了解释——他们说，拉莫伊贡巴的扎(星神)喜欢上我了，作为后果，我本可能会瘫痪或死掉的。但是，按照他们的解释，我从拉莫伊贡巴出来后不久，棕牛就战胜了黑牛，这是一个征兆，就是我受到了塔罗的神的保护，他成功地赶走了扎。在不丹东部，对超自然神力和精灵的信仰特别强烈，他们对我突然而神秘的痛苦的解释也头头是道。我仍然不知道是什么造成了这次令人困惑的经历，但是下次再去拉莫伊贡巴之前，我可要三思了！

次日早上，我又上路了，在一家商铺前，我停了一下，买了五根针，把它们仔仔细细地放进我的钱包——针被看做生命的象征，它们是我此行的护身符。一伙愉快的蕃巴人带着盛满青稞酿的米酒的木桶守候在路边，一个劲儿地让我们喝。我无法拒绝这种表示好客和友

[塔希央奇] 库隆曲

好的传统方式，只得装模作样地呷了一小口，却偷偷让剩下的酒透过我的手指滴到基拉的裙边上。之后这一天我都像个酗酒的人一样臭烘烘的，但是却很高兴地发现，米酒也最有效地熏跑了蚂蟥——这条路绝对爬满了这些可怕的生物。我通常规避蚂蟥的方子就是把滴露消毒液、盐和烟草混合起来，喷到我的袜子和基拉的裙边上。

最初几个小时的路，是穿过低地的农场，然后就开始前往萨克腾的攀爬。农民们激愤地抱怨越来越多的野猪和熊毁坏了他们的庄稼，这在不丹是一个解决不了的矛盾，因为我们的宗教禁止杀生。山路很快就上行了，大半穿过杜鹃树林，在这个季节杜鹃花开得很灿烂。我们到达中塘的营地时，正下着瓢泼大雨。但是次日早上太阳出来了，森林里雨滴闪闪，好像从树上滴下了钻石一样。盛开的杜鹃花有的鲜红，有的是粉色、黄色、紫色、白色或淡橙色，透过片片薄雾瞥去，有一种超自然的美丽。萨克腾别名"盛开杜鹃的隐身乐园"，这不是没有来由的。

经过一番辛苦的攀爬，我们到了海拔3000米的高度，看到了一面长长的石头玛尼墙，这标志着我们几乎到达目的地了。又过了一小会儿，萨克腾突然出现在我们眼前——一个平缓的河谷，沐浴在金色的阳光下，石头房屋紧紧地挤在一起，庙宇则在上面的山脊上。一架达科他型飞机于20世纪60年代在这个河谷附近坠毁，连一片金属残骸都没有剩下，全被萨克腾的百姓打捞起来，巧妙地制成了门框、炊具、炉灶和梯子。这些银光闪耀的金属、灰色的木瓦屋顶、绿色的草地和草地上星星点点的黑色牦牛，还有无处不在的蕃巴人的红色上衣，造就出一块迷人的调色板。

我的营地在一片宽阔的绿草地的中心，营地周围有带叶子的树枝编成的篱笆挡住外人。一座烧木头的火炉让我的领地温暖宜人，我睡得很香。次日早上，我们爬到山上，去看两座有历史意义的萨克腾古庙，小径旁撒满了野草莓和小紫花。萨克腾的11个年轻姑娘陪着我们，一路给我们唱着小曲。博朗孜庙是这个地区最古老的寺庙，据说是由甲日巴喇嘛所建，他和奥姆珠姆一起带领着错那百姓到了萨克腾和梅拉克。原来的庙是七层，毁于火灾，不过古老的神圣文献都被抢救出来，救出来的还有珍贵的莲花生大师的造像，以及财富之神藏巴拉的造像，他们自豪地立在博朗孜的祭坛上。更夺人心魄的是第二座寺庙，库索大师拉康的珍宝包括当地诸神的绝美画像，其中有奥姆珠姆。她穿着丝织的袍子，戴着珠宝首饰，脸上是祝福的神情，骑一头脚步迅捷的骡子。她的右手举着一面幡，左手拿着一个头骨碗，碗里盛满了宝石。她在降妖伏魔的时候是愤怒的神态，这时的奥姆珠姆被刻画成青黑色，有三只圆睁的眼睛，骑着鳄鱼和蛇皮泰然自若。从这座寺庙，我欣赏了萨克腾的全景，然后前往这个河谷更高的角落，去一个牦牛牧人的小木屋看他们制奶酪。

我们和这些牧人一起呆了几个小时，很开心，他们一边搅酥油，一边唱歌，使他们的搅动保持韵律。我们还看他们制作了他们大名鼎鼎的发酵奶酪。把新鲜奶酪放入牦牛皮的袋子里缝上口，放到一个暖和的地方发酵——奶酪放得越久，味道越重。发酵奶酪在不丹是备受喜爱的特产，不过对外行来说要习惯了它的味道才会喜欢，就像欧洲的蓝奶酪或布里干酪一样。在我们品尝他们的奶酪时，牦牛牧人和他们的妻子让我们感受了典型的萨克腾风俗——对我们完全是突然袭击，他们把面粉搽到了我们的脸上和头发上。这是蕃巴人祝愿长寿的方式，因为白面象征着老年的白发。我们的样子很狼狈——对萨克腾人来说也是很幽默的缓解紧张的方式——我们冒着雨回到我们的营地时，面粉在我们脸上淌成一道一道的。

回到村里，我们拜访了几户人家，包括备受尊敬、虔诚信教的村

人民和地域　※　蕃巴人的河谷

塔希央奇宗

长萨克腾活佛的家。在一户人家，我们观看了成为他们标志的次皮查姆帽制作的过程，漫长而琐细。首先要把大约300克牦牛毛梳理开，清洗后装进一个小圆罐，里面盛着作为粘接剂用的液体——可以是乳清，也可以是酿粮食酒的下脚料。令人惊异的是，它真能有效地把这些毛粘连成一个衬垫。然后再把这个混成物捣碎，揉搓，直到它形成一个压缩得紧紧的薄圆片；再在边沿上拉出五个点做穗尾，然后再往上加一些牦牛毛，滚压到要求的长度，让帽子看上去像一个巨大的黑蜘蛛。等到帽子晾干了，次皮查姆帽就做好了。

　　蕃巴人给我们表演节目的高潮是《牦牛查姆》。这是一个更像哑剧的精彩舞蹈。表演者是五个戴面具的男子，他们踩着鼓点，舞步激越，中途又有两个舞者出现，披着黑毛毯，戴着有角的牦牛头。他们的背上背着一幅奥姆珠姆的像,唱着赞颂的歌,歌颂他们的牧场,他们的诸神,他们可爱的牦牛,并且重演他们在奥姆珠姆的率领下逃出西藏的故事。这些舞蹈还穿插着插科打诨的片段,表现给牦牛加载的风险。在现实生活中,这常常是很搞笑的场景,牧人拼命要给这个大家伙上货,它却想方设法把货物扔掉,有时候还在地上打滚,把鞍囊里的东西毁掉。蕃巴人的模仿惟妙惟肖,很有动漫感。看着他们的滑稽动作,我们笑得肚子都疼了。

萨克腾人热情随和的款待,让我们感到宾至如归,虽然只呆了两天,临走时却难舍难分。那天早上我们出发前往梅拉克时,萨克腾的女人们唱了一首告别的歌,并且按照她们的习俗向我们挥动围巾,直到我们从她们的视野中消失。

从萨克腾到梅拉克的徒步行走,是对体力和耐力的真正考验,要翻越可怕而名副其实的尼亚克琼拉即疲劳山口,奥姆珠姆疲劳的逃难者就是从那里向后转的。我们不得不时时停下来,做深呼吸,脉搏数到150下,后来快到海拔4140米的山顶时数到300下。梅拉克的海拔是3517米,是一个比萨克腾更小更狭窄的河谷,人则显得更高更壮——毫不奇怪,他们是随着奥姆珠姆来到这里的那些最健壮的逃难者的后代啊。梅拉克周边长的刺柏丛让我着迷,它们的形状就像小小的金字塔——或者按梅拉克蕃巴人的说法,像高级喇嘛戴的帽子。梅拉克的房屋在河谷的中心,面对着一条河。那天晚上我睡在帐篷里,做了一个奇妙的梦,梦到一位仁慈的夫人,把她的珊瑚和天珠项链给了我,还给了我她手腕上戴的一个金手镯。我觉得那是奥姆珠姆在欢迎我们来到她的地盘。

梅拉克的主寺桑腾林拉康建于1890年,寺中满是壁画,还有一个罕见的宝物——18卷手写的经文,是奥姆珠姆从西藏带来的。梅拉克附近一个非常精彩的寺庙是根果拉康,可追溯到1650年,有很多神圣

人民和地域 ❋ 蕃巴人的河谷

上：祖孙俩 (Yeshey Dorji/摄)
下：怀抱婴儿的萨克腾妇女 (Yeshey Dorji/摄)

的文物，包括一排精美的铜木佛塔。它是由大名鼎鼎的梅拉克喇嘛洛代嘉措所建，伟大的达旺寺庙也是他建的。

梅拉克和拉雅一样，一妻多夫制并不少见。我访问了一位妇人的家，她49岁，嫁给了三兄弟，最小的弟弟只比她的大女儿大几岁。她家很兴旺，从三位丈夫和所有孩子之间的融洽感情来看，也是幸福的一家。三个丈夫的母亲似乎和儿媳的关系很亲密，她解释说，男人们遵从的房事轮转法则保持了家庭的和谐。

我们还拜访了扎西旺地议员，他在不丹国民议会代表梅拉克和萨克腾。他是村里最富有的人之一，他家的经堂有一个雕刻精美的祭坛，摆满了鎏金的佛像。

下一站是村长家，他曾经是梅拉克有名的大力士，能举起一头小公牦牛背到背上。他试图在我们面前表演这一幕，但是显然力不从心了

萨克腾村民 (Yeshey Dorji/摄)

——牦牛一跳就跑开了，把不好意思的村长闪在那里，手里只抓到一撮牦牛毛。在他家宽敞的顶层，村长组织了一个典型的梅拉克风味的晚会招待我们。我们欣赏了唱歌跳舞，还喝了数不清的米酒。随着晚会的进行，大家都越来越开心，女人们决定给村长她们特有的祝福。五个女人把他按到地上，往他的脸上倒米酒，往他身上扔爆米花，粘到他湿漉漉的头发上——这是这一天村长第二次被搞得这么狼狈。

在欢乐的晚会进行的过程中，我了解了不少蕃巴人的生活方式。当他们放牧牦牛的牧场开始降霜时，梅拉克以及萨克腾的很多蕃巴人就关上他们的家门，下到塔希冈区海拔较低的地方，和那里的村民做交易。蕃巴人和低地村民之间发展起一种独特的关系，叫"竺科"——按照已经延续了几个世纪的传统，大多数蕃巴人家在低地的村里都有一个"东道主家"，或者说"奈波"，和他们有一种密切的生意以及社会关系。他们在奈波家一住几个星期，吃在那里，睡在那里，好像他们家人一样，然后留下酥油和奶酪，交换粮食和玉米。奈波也会在夏天的时候上到萨克腾和梅拉克，带着粮食、蔬菜和水果，住在他的蕃巴人家里。

我还了解到他们一年一度的珠姆克拉节，是纪念奥姆珠姆的。蕃巴人相信，奥姆珠姆在天上的家就在珠姆库哈山上，在梅拉克南边大约七八个小时的脚程。每年秋天，梅拉克人都要去朝觐这座山，求她保佑他们的健康和繁荣。节期两天，在徒步前往山脚的一天旅程中，有很多娱乐项目。有赛马，男人骑上马，在骑行的过程中，谁的帽子掉下来，或者腰带扣松开，都要被"罚"喝一瓶米酒。晚上，他们到达奥姆珠姆那座山的脚下，就在那里过夜，裹着他们厚厚的牦牛绒毯子。次日一早，在山脚下举行大法会，之后男人们爬到山顶——过了青春期的女人不允许上山一步，以免弄脏了奥姆珠姆神圣的居所。到

[塔希央奇] 尼泊尔风格的佛塔

了山顶，如果天气晴朗，可以看到（印度的）阿萨姆邦和西孟加拉邦。在山顶上做过更多祈祷之后，每个人都回到梅拉克，花一整天欢宴、跳舞和饮酒。要把所有作为"罚酒"收集起来的米酒都喝掉！

在整个行程中，我注意到，蕃巴人房子的窗户很小，因为要防寒，这样他们的屋子里满是炉烟——难怪在萨克腾和梅拉克的主要疾病都是呼吸道问题。区政府很明智地让贡千（即居家僧人）参与到他们在当地的公共卫生和营养活动及项目中。贡千在不丹东部的数量特别多，他们结了婚，务农并从事其他职业，但是都受过宗教培训，可以主持仪典和祈祷。这使得他们在自己的社区极具影响力，因此作为社会变革的代理人就非常有效。

我这次梅拉克和萨克腾之旅的同伴，包括医学、农业和兽医专家，我们带了人用和兽用的疫苗及药品、耐高寒的菜种、新设计的节省劳力的纺锤和酥油搅拌器。我自己还给梅拉克和萨克腾每户人家带了一台小冰箱，以便他们把自己的酥油和奶酪运到塔希冈和廷布——这些冰箱最受欢迎！我带回来的是一件珍贵的礼物，一套美丽的蕃巴服装，包括次皮查姆帽，我仔细地把它放在我廷布家中的一个柜子里。毫无疑问，再过几年时间，就会有公路几乎一路通到萨克腾和梅拉克，那肯定会使蕃巴人的生活更加方便，更加兴旺。但是，如果说这会从根本上改变他们的文化和传统，哪怕只是一点，我也会感到惊讶。如同拉雅和鲁纳纳的牦牛牧区一样，蕃巴人深深地珍视他们自由的生活方式。他们热爱他们土地粗犷的壮美，不会轻易地为了塔希冈或者廷布生活中那种驯服的欢乐——以及压抑——而放弃这些。

在结束对萨克腾和梅拉克之旅的叙述时，我不能不讲讲耶提，也就是可怕的喜马拉雅雪人，因为我在那里时，听到许多关于这种难以见到的生灵的故事。大多数和耶提遭遇的事都是牦牛牧人们讲的。他

[塔希央奇] 2007年5月,为第二年将要举行的首次民主选举,村民们生平第一次办理身份证件。

们要在与世隔绝的高海拔地区呆很长时间,放牧牦牛,或者在密林里搜寻走失的牦牛。他们也常常会遭遇其他罕见的动物,如雪豹,当然,我们都知道雪豹是确实存在的。蕃巴人管耶提叫美盖。有些人说他们的皮是红灰色,另一些人则说是白色。但是所有叙述一致的地方是,这种生灵大约有7英尺高,脚印大约有一英尺长,每个脚印之间的距离是四英尺,会发出一种很浓的独特气味。蕃巴人的传统认为,如果有谁看到耶提,就应当对之报以最高的敬重,因为耶提是这些偏远地区的保护神,除非受到刺激,也不会攻击人。他们甚至将这种传统灌输给孩子。如果耶提受到刺激或攻击,它会痛下杀手,给整个地区带来灾难。

在我离开蕃巴人大约一个月之后,2001年6月,梅拉克和萨克腾的顿帕(行政长官)扎西达吉和另外三个男人去寻找耶提。那是新鲜竹笋破土的季节,据说耶提特别偏好这种美味。扎西达吉一伙带上干粮,不想生火,以免惊动耶提。当他们到了靠近萨克腾和梅拉克之间的山口一个叫梅勒克色莫的地方时,他们看到大约一英尺长的足印。一股很浓的气味,有点像葱或者高原野蒜的气味弥漫在四周——高原野蒜也是耶提喜爱的食物。足印把他们带到密林深处一个悬崖上的岩洞,他们费了很大的劲才到了那里。在岩洞附近的一棵树上,大约7英尺高的地方,他们发现了一些发红的毛皮,那生物想必在那里擦过痒痒。在岩洞的一个角落附近,他们发现了粪便,有明显的竹笋和葱。扎西达吉给足印拍了照,用熟石膏给它们拓了模子,搜集了一些毛的样本,把这些都交给了政府。这些东西随后被送到一个有名望的科研机构进行分析。报告说,这些毛不属于任何已知的物种。我们陆续听到来自梅拉克、萨克腾和不丹东部另一个区,即塔希央奇的关于见到耶提的可信报告。在可能是耶提栖息地的地方留下了监控相机。但是迄今为止,这个生物还在躲避我们。

第十四章
着火的牛角和其他片段

我每次在不丹国内旅行，都会对我们这个小小国家的百姓和他们异常丰富多样的生活方式留下新的印象。这是这块土地的地理形势所致，村与村之间可能只相隔几千米，乌鸦一飞就过去了，但是彼此却常常根本没有来往，完全被高山深谷所阻隔。地理上的不可接近，造成了一块块隔绝的居住地，封挡住任何外界的影响，使他们特色鲜明的文化几百年保持不变。

在去楚卡、萨姆奇和通萨等地区的旅途中，我第一次遇到了连大多数不丹人都不知道的民族、语言、风俗和习惯。我徒步穿越西南部的达加纳和奇朗区的体验，又因不同的原因而特别。我没有跟区里的官员打招呼说我要来，在这次旅行中，我在村里的百姓家住过几个晚上，没有任何大惊小怪或繁文缛节。我像村民的家人一样和他们一起围坐炉边，闲话家常，这肯定加深了我对他们的态度和见解的理解，也了解了他们面对的难处和苦恼。它还使我遇到了一些很了不起的人，通过塔拉扬纳（度母）基金会，我和他们建立起终生的联系。这一章像马赛克似的有点驳杂，是我在这五个区旅行的杂记。

人们并不总是需要徒步走很长的路才能发现不丹隐匿的珍宝，看到非凡的景色。在廷布往南4小时车程，靠廷布—庞措林公路边的一个小村里，我见识了一个有着几百年历史的习俗，它不仅在这个小村独一无二，恐怕在全世界也是独此一家。梅里色莫是一个只有58户人家的村子，自从读了1783年作为英国在加尔各答的总督瓦伦·黑斯廷斯的特使旅行到不丹的塞缪尔·特纳上尉对它生动的描述，我就一直想访问这个小村。

如果有一个地方可以浓缩不受时间影响的永恒不丹，那就是梅里色莫，因为它今天仍然几乎和特纳200多年前对它的描述完全一样。特纳在走近梅里色莫（他称之为木里乔姆）时，对这里的景色肃然起敬。他在从孟加拉—不丹边境的山脚走到廷布的艰苦旅途中，经过了梅里色莫：

"每一次驻足，我们都看到一个不同的场景，把每一个场景算作大自然中最壮观最惊人的可能都不为过。高山裏在高大的树木里，山头藏在云朵中，胸膛中喷涌而出梯级瀑布；陡崖、深涧，还有那湍急地流过巨石，把下面的岩石劈开的河，组成了令人赞叹而又斑驳陆离的画面。"

特纳所走的这条路线，是我从童年时代到印度的寄宿学校的旅途中就熟知的路线，那时这壮丽景色的每个特点，我都很熟悉。幸运的是，我不用像我父亲那样再徒步走这段旅途了，那时他赶着他的骡子一年去一次噶伦堡，都要徒步走。在那些岁月，越过楚卡河上一个深深峡谷的唯一途径，就是梅里色莫附近危险万分的溜索桥，特纳对这一经历有栩栩如生的描述：

"它由两条粗大的绳子组成，绳子是用拧在一起的蔓藤做的，两条绳子平行伸出，在一个篮箍上绕一圈。旅行者只需要把自己放在绳子之间，在篮箍上坐下，一只手抓住一条绳子，借此溜滑过去，越过深涧。那深涧我看一眼都禁不住打颤。"

[帕罗] 传统的不丹民宅以夯土为墙,木料为框架,屋顶披着木板瓦楞。

[普那卡] 层层梯田与稻草垛。

这个特殊的溜索桥现在已经没有了,但是在不丹其他农村地区,这样的溜索桥还有很多——我从来没有勇气用它们!

梅里色莫的房子和不丹西部大多数村子的房子一样,即使在今天,也还是和特纳所描述的相差无几:房子是用石头和泥土盖起来的,墙从底部往上越来越窄,缓坡的木瓦屋顶和墙体有一处空间,屋顶用大石头镇着,屋顶和顶层之间的空间用来贮存柴禾和粮食。房间很大,地板是木头的;楼梯是在一整根木头上面刻一些槽。顶层突出的露台提供了光线和空间,是女人们坐着纺织的好地方。特纳善于观察的眼睛甚至注意到门是如何在门轴上转的,不用金属合叶和钉子。自特纳访问那里以来唯一的变化,就是梅里色莫的牲畜不再养在底层了,而是在村子外边的圈里。他写到过的野草莓、覆盆子和桃树仍然很茂盛。特纳种的榕树已经长得巨大无比,占据着梅里色莫的中心。

如今,和在特纳的时代一样,梅里色莫最鲜明的特征就是它美丽的梯田,缓缓地沿山坡上行。特纳赞叹地注意到修建梯田的技艺,但是他没有发现那里的村民采用的最异乎寻常的耕作方法。梅里色莫的阶梯水田不是由灌溉渠道供水,而是完全依靠降雨。一旦天降雨,就是耕种季节的开始,梅里色莫的村民们就连夜苦干耕种,最大限度地利用降雨。那么,在漆黑的夜里,他们是怎样栽种的呢?那可需要非常精准仔细啊!原来是把松枝火把绑在他们的牛角上!这是你可以想象的最神奇的景象之一——着火的牛角在暗夜中就像闪闪的星星在移动,将柔和的金光投在嫩绿的稻秧上,投在一层层露天剧场似的梯田和女人们色彩缤纷的基拉上,她们一边冒雨弯腰在没腿肚子深的水里栽着秧苗,一边整夜地唱着歌。

特纳错过的梅里色莫的另一个著名的特征,是它神圣的岩洞,因长寿女神次仁玛而受到顶礼膜拜——那是一个很深的石灰岩洞,地面和洞顶都是钟乳石和石笋。我去的那天，岩洞又湿又滑，所以我不能充分探索这个岩洞，不过村民们告诉我，再往里走，岩洞的地面就深陷到地里，引出一个地下湖。

我对梅里色莫及其邻村的访问之所以难忘，还因为我见到的人。在梅里色莫河谷对过的克托卡村，我遇到一位69岁的妇人谭丁姆，她以洞察力闻名。这位老太太头上顶着朵玛（一种米饭混合酥油雕成的供品），舞着唱着，进入了一种催眠状态，然后开口说道："我看到我们的国王要去上战场，他的形象比镜子里的还清楚。我看到根岩加帕米雷（廷布河谷的保护神）穿着铠甲陪伴着我们的国王。最后是一场大胜仗。"那时我还没有意识到，她是在以异乎寻常的准确预言了两年多以后才会发生的事件，就是我在第八章里写过的那场战斗。这次旅行我记住的另一个人，是这个地区的国民议会议员，一个黑瘦寡言的老人——从外表完全看不出他是个好色之徒，在他地盘内的每一个村子都有一个老婆。这除了给他的生活带来浪漫和刺激，还确保了他会定期巡视所有这些村子，保持对当地事务和问题的信息灵通。克托卡的那个老婆只有20多岁，把婴孩背在背上。我们见到他之后不久，他就死于一次车祸，留下一群不同年龄的寡妇，从十几岁到50岁。

不丹西南部的珞巴人和不丹中部的门巴人，是两个独具特色的民族，保持着他们自己的语言和文化，相对来说没有受到现代世界的触动。在我访问珞巴和门巴部落时，我得以近距离观察他们的生活，在和这些社区的长者们的长谈中，获取了大量精彩的信息，我希望这些信息将为人类学研究提供新的内容。

珞巴人的居住地在萨姆奇区查木齐河的彼岸，阿莫曲河谷。这个地区的主要经济作物是柑橘和豆蔻。在收获柑橘的季节，珞巴人从他们的村子里出来当搬运工。珞巴人赤着脚，裸着肩，披着自家织的白

[普那卡] 深秋时节,腌制萝卜是冬季主要的菜肴。

色棉布斗篷,斗篷跨过胸,在肩膀处打个结,把一筐筐柑橘背下去,到萨姆奇镇的拍卖市场卖掉。

我2001年2月动身去访问他们的居住地时,正值柑橘收获季节的尾声,我不得不反复穿越查木齐河,不下24次。为了免去24次脱鞋穿鞋的麻烦,我和同伴们决定穿塑料拖鞋走,结果脚趾磨出了可怕的大水泡,而且我们穿着它们一瘸一拐地走时,它们还发出讨厌的提提拖拖的声音——难怪不丹人管塑料拖鞋就叫"提拖"。

过了河,下一个障碍就是翻越叶比拉山口,那是一段很吃力的攀爬,我们所有的人都叫苦连天,直到我们碰到一队脚夫,其中一位是60岁的女人,坚忍地背着他们沉重的货物翻过山口。我跌坐在一个池塘边浓密的树荫下休息,那是一个挺迷人的地方,脚夫们都停下来喝水,跟我们聊天。我拿出一尊我永远带在身边的雕像——女神次仁玛

人民和地域 ❋ 着火的牛角和其他片段

[帕罗] 闲暇时的掷骰子游戏

和她的四姐妹及她们的老师圣米拉日巴,是用犀牛角雕的,看到每个脚夫都低下自己疲倦的头,和雕像行碰头礼,接受女神的赐福,真令人感动。

那天晚上,在瓢泼大雨中,我在森腾村过夜,那里的居民以拉伊人为主,这是洛桑巴即南方不丹人的一个部族,他们原本来自尼泊尔,后来在不丹的这个角落安下家。那天晚上,我观看了56岁的贾克里(萨满)波哈巴哈杜拉伊表演的祭祀。他非常庄严地准备了供奉,包括一个生鸡蛋、三片生姜、酵母水和九种不同的植物。他点亮一盏灯,震耳欲聋地敲打着铝盘上的花纹,朝四个方向供奉水,然后说出他的预言——未来看起来太朦胧,所以说不定!表演很精彩。

次日早上,我会见了集合起来的全体村民,分发了蔬菜种子,希望他们的饮食结构更多样,更有营养,并请他们告诉我他们的苦恼,提出问题。一位男子站起来说，他有个问题："你是谁？"他真正困惑地问。整个会场哄堂大笑，这也完全打破了拘谨的气氛。这个问题——说到底也是个非常基本的问题——可能是我在不丹农村旅行期间被问到的最好的一个问题！确实，在这次旅途中，问出最傻的问题的还是我——在经过长着类似蕨类植物的田地时，我不知道那是什么。和我一起走的村民露出不可思议的神色，告诉我，那就是豆蔻草啊！无疑是为了不让我难堪，他们对我说，前些年有个外国农业专家来到这里，他还以为豆蔻是长在树上的。还有一个很出名的（也是真实的）故事，说一个国际组织资助的牦牛专家来到不丹，问那个长满了毛的奇怪家伙是什么动物，原来那是他第一次见到真正的活生生的牦牛！

第二天早上，我从森腾走到珞巴人最大的聚居地洛托库楚，珞巴人生活的天地和拉伊人很不一样。珞巴人的房子都是高脚屋，离地面两英尺。屋子是竹木结构，茅草屋顶。我注意到他们的房子周围奇怪地堆着石头。除了特色鲜明的服装，珞巴人身材矮小也使他们很突出——他们的身高都是4英尺到5英尺。不过他们照样很健壮，而且特别敏捷，能够爬到树上和陡峭的悬崖上为他们的牲畜寻找饲料，或者寻找苫盖他们屋顶的茅草。他们还是娴熟的弓箭手，以制作不丹最好的弓而闻名，所用的竹子都是他们聚居地附近生长的。

人们对珞巴人的来历知之甚少，他们口头流传下来的说法是，他们原来是半游牧的牧民，住在山脚下，然后被后来的移民逼走，到更远的内地。传说也表明，他们原来的人口要多得多，但是大都死于天花和他们自己部族之间的仇杀，大约发生在17到18世纪之间。珞巴人中近亲结婚很普遍，这可能是他们身材矮小和先天性痴呆高发的一个原因吧。

珞巴人的宗教大体上是万物有灵论。他们的神住在岩石里、山洞里，或在山上，在瀑布里，在湖里，要靠牺牲猪和鸡来安抚。一个普

[布]妇女|耕种马铃薯田|

通的祭祀把鸡头砍下来，再把砍下来的鸡头放到房顶上，头要朝向阿莫曲河的源头。如果有猫、老鹰或者乌鸦惊扰，把鸡头叼走，那对那一家就是不祥之兆。

珞巴人的丧礼不同于我听说过的任何丧礼。死者的头是不火化的，而是和死者的遗物（如衣服、鞋、装饰品和被子等）一起放在木棺里，埋在地下，就是把棺材用一大堆石头盖起来。每个死者都正规地分配一块地。如果死者是男性，就杀一头公牛祭奠，如果是女性，就宰杀一头母牛。全村人都会被邀请参加宴席，把肉分给大家。然后就给死者招魂，请求他保佑全家平安。招魂是合唱，唱词说："我们把你那份粮食、财产和牲畜都给你。带上它们，献给诸神，保佑你的灵魂平安远行。不要再打扰我们啦，我们把你的那份都给你啦。"

珞巴人讲的语言叫恩塔姆，多年来吸收了不少宗喀语词汇，但是重音不同，我一个词也听不懂。珞巴人家的一家之长是母舅，他们叫"库"。他给每个家庭成员分派任务，负责他们的福利，调解争端。即使库结了婚，有了自己的家庭，他还继续是他姐妹"家"的家长。如果珞巴人的丈夫或妻子是非自然死亡，寡妇或鳏夫九年之内就不再婚，或者不理发。

会见了洛托库楚的83户人家之后，我继续步行，路上在分散的珞巴聚居地又住了三晚。我见到一对又老又弱的珞巴夫妇，无儿无女，塔拉扬纳（度母）基金会现在已经收养了他们。我们每年给他们一笔生活费，并且负责他们的医疗。在每个地方，珞巴人的温和都给我留下了深刻的印象，他们对自己部落的认同和独特的文化非常自豪。我再

左：通萨宗堡

次意识到，尊重、保留并记录他们的生活方式是多么重要，那是不丹文化遗产不可分割的一部分；同时也要确保他们按照自己的速度和条件，来参与国家其他地方正在取得的进步和发展。一年以后，在我访问通萨区的门巴聚居地时，这个信念更强了。

三大门巴村即强比、旺岭和彭祖，共有260口人，居住在不丹中部吉格梅·森格国家公园的缓冲区。门巴人据说是不丹最老的原住民，有他们自己的语言，叫门哈，和不丹其他任何语言或方言都不一样，虽然它的根系是藏缅语系。他们也有自己的宗教，崇拜住在神圣的树林、大山、岩石、峭壁、河流、风和天空中的本地神灵。黑山山脉的最高峰乔都圣峰是他们的神山，他们认为那是大地中心的标志。直到几年前，门巴人中宰牲祭祀还很盛行，但是现在通萨的官员已经说服了他们，用面粉雕刻的动物像来祭祀。门巴人几乎完全依赖他们村子周围的森林求生，满足他们的日常需要。他们对森林资源包括药草的知识丰富，管理能力强，对森林的保护也是一样，这就保证了森林资源的持续再生。我在访问门巴村落的时候，有幸找到一位门巴社区很受尊敬的长者做我的向导和翻译，他就是阿波陶拉。

我是在通萨宗堡上面的招待所过了一夜之后，开始这次为期三周的旅行的。这座巨大的宗堡雄踞在芒德曲河上面的峭壁上，是不丹的奇迹之一。沿东西公路从廷布开到通萨，转过一个山角后，这座宗堡突然映入眼帘。接下来的14千米，随着公路像瓶塞起子一样弯来弯去，宗堡时而出现，时而消失，每次出现都呈现出它雄伟建筑艺术的不同侧面。在秋天，这段路风景特别美，野樱桃树的粉色花朵为它增添了生动的色彩。

通萨宗堡建于1644年，一向是战略要地，也是历史名胜。在没有修公路的年代，通往不丹东部的骡道就从宗堡穿过，因此谁控制了宗堡，也就控制了东西交通和贸易。不丹第一任国王的父亲就是强大的通萨佩罗，自那以来，通萨的佩罗都由他的后人传承。现任国王[1]在15岁时成为第15任通萨佩罗，而现在的王储[2]则在2004年被授予这一职务。宗堡非常宏大，布局也不规则，进入宗堡，会感到像进入了一座中世纪城镇一样——曲折蜿蜒的走廊宽得像街道，通向楼梯、院落、宫殿，还有不下24座美丽的神殿，依山坡错落而建。

从通萨宗堡继续在公路上行驶56千米，然后开始徒步行走。跨过芒德曲河上的一座索桥，我开始缓步走向门巴人的领地。我们只走了两个小时，就到了第一个门巴村强比，但是在时间上我好像回到了几个世纪以前。

门巴人的房子小而简朴，木头的地板和大梁，墙是用竹席糊上泥，房顶用干芭蕉叶或竹席苫盖。随后的几天，我尝试学几句音乐一样的门巴话——"谷-马-谷，查-马-查"，意思是平安幸福，这多少概括了我和他们相处三天的感觉。我只看到几个老辈的人穿着传统的门巴服装，叫帕盖，是无袖的外衣。它是用荨麻草做的纤维织成的，粗糙但是极为耐穿。悲哀的是，如今只有少数几个女人知道如何织这种荨麻布了——门巴人现在都喜欢穿他们在通萨买的基拉和帼。在这三个村子，我见到了10位传统草医——门巴人仍旧喜欢找他们看病，虽然当地也有了初级卫生站。阿波陶拉告诉我，他们的药是用森林里找到的34种不同种类的植物所制成，他们关于药草的知识依然非常详尽地代代相传。

我和门巴人一起吃的每顿饭，都是适合供奉众神的宴席。除了

---

[1] 是指不丹第四任国王吉格梅·森格·旺楚克。——译注
[2] 是指他已于2008年成为不丹第五任国王。——译注

[旺迪] 旺迪城外的德钦村

他们在自己地里种的玉米、小米和大米,他们所吃的其他每样东西,几乎都是从森林里采集来的。门巴人把他们收获的第一茬庄稼用32只竹杯供奉给他们的诸神。阿波陶拉告诉我,他们吃10种野果、6种蕨类、10种蘑菇、 藤芽、嫩竹笋、野块根和兰花蓓蕾。他们用15种不同的植物叶子泡茶,用6种草做成最香的燃香,用一系列叶子、根、树皮做成植物染料。他们的食用油来自水果和10种不同的植物种籽,最贵的一种是印度奶油树。那是一种橄榄大小的粉色果实——我在想,可以把这种超原始的冷榨奶油树油,作为新的主打产品向纽约的厨师和美食家推销。

门巴人的主要生活来源，是他们制作竹藤物品的技艺。在强比村，我参观了一个这些工艺品的展览——漂亮的传统篮筐、帽子和席子，还有几把椅子、几张桌子和相框，这是送一些人去印度东北部的阿萨姆邦研修旅行回来后做的。这些物品在不丹的中心城市应该有很好的销路。和门巴人对森林的密切依赖并行的是他们对森林资源的悉心保护，以确保它们永不枯竭。门巴人有个传统，就是指定几片林区为圣地，那里的任何东西绝对不可以触动。他们还有自己必须遵守的乡规民约——采集竹藤只限定在某些季节，严禁采挖幼笋等。这样的规定就确保了他们所用的每一种植物或树木都可以持续再生。

在每一个门巴村，人们都告诉我，他们想要公路、电和电话。我毫不怀疑，再有几年时间，这些就都会有，因为他们离公路已经很近，这都是可行的。门巴人将不可避免地受到主流社会的影响，因为他们的文化是有活力的活生生的文化，不是博物馆里的展览。但是，我还是希望他们永远不要丧失对自己环境的理解和热爱，不要丧失他们对森林资源的丰富知识，他们的这些知识，不丹其他地方可学的太多了。

门巴人是母权社会。堂兄弟姐妹之间结婚很普遍，而且他们的婚姻习俗也很独特。一旦一对青年决定结婚，小伙子就住到姑娘家，在她家的地里干活，为她们家增加收入。三年之后，姑娘的父母派一个使者到男方家，传达这样一个口信："你们的儿子在我家，他的眼不瞎，他的腿和胳臂没有断，你们需要他回来吗？"如果他们说不需要，那个小伙子就继续在他老婆家呆下去，但是如果他的父母想要他回家，他们就会给新娘家一个正式的道歉并送去礼物，然后小夫妻就搬到丈夫家。在丈夫家，公婆把他们所有的财产转到媳妇名下，以保证她丈夫不会抛弃她。但是如果他想抛弃妻子，那么必须离开这个家的会是丈夫。他的妻子会保留他家的所有财产。她甚至可以再婚,并把新丈夫带到家里来。

除了他们自己的神,门巴人也敬仰莲花生大师,他在8世纪来到过这个地区。我的门巴同伴给我指出了很多有大师足印和手印的岩石。我访问的三个门巴村中的最后一个是彭祖,从库布德拉徒步要走8个钟头。在库布德拉,我看到了古代门王马拉佩宫殿的遗址,莲花生大师在这个地区游历时,他接待了大师。我在那里过了一夜,次日走了6个小时到纳比,这是又一个和大师有关的重要历史名胜。在一片已经连续耕种13个世纪之久的美丽的稻田中央,有一座小庙,坐落在一棵高大的柏树树荫下。在庙的中心,有一个石柱,上面有大师的大拇指印,还有两个在打仗的王:森达加布和那乌彻,他们长期打仗造成血流遍地。大师说服这两个王在这个地方会见,宣誓永久和

用各种植物香料手工搓制的燃香

平,并且让他们在这个柱子上按下他们的大拇指印表示承诺。我为能看到这个具有伟大历史意义和宗教意义的柱子而感到庆幸。

访问了这些门巴村庄后,我继续前往通萨区的其他县,在黑山山脉中部看到了一个非常特别的景色。翻越东卡拉(海螺壳)山口时,我惊异地发现一条21千米长的柏油路,穿过森林,通向贡赫拉。20世纪70年代,印度地质调查局(那时不丹还没有自己的地质部)在这里发现了铜,估计储量为每纵深100米有250万吨铜。1978年到1979年,贡赫拉铜开发项目启动。此时已是2002年,我看到一座鬼城,时间在那里停滞了。我看到了被破烂的篷布遮盖的工房;一间办公室,里面还有这些山脉的三维模型,上面标着钻探点,成箱成箱的大小管子,一个信号站,一个招待所,一所医院,一个食堂;一个电影厅,当时每星期用飞机空投一部新电影;矿山官员及其家属的住房;一个棚子里,一辆吉普和一辆卡车已经锈迹斑斑。除了一个孤独的管理员,整个地方一片荒凉,无人问津,非常非常怪异。项目开始两三年之后,不丹政府决定停止勘探,放弃铜业,保护黑山山脉丰富的生物多样性。这个决定,想必让门巴人和他们住在这些大山里的众神和精灵心花怒放。

凌晨4点。一只雄鸡刺耳的啼叫把我从熟睡中惊醒,随着我的眼睛适应了黑暗,我想起了自己在哪里——达加纳区塔克齐村一户农家厨房的凹室里。这是奥姆德玛家,我经过一天艰苦的徒步跋涉,顶着烈日,穿过稻田和森林,翻过一座又一座石山,来到她家过夜。我身旁是宽大的厨房,这也是全家公用的房间,奥姆德玛家三代人都蜷在那里熟睡。土灶的余温还在,头天晚上我们就在这灶上一起做的晚饭。从厨房过去就是经堂,有雕画精美的祭坛,在鎏金的佛像、莲花生大师像和夏仲·阿旺朗杰像前,供着7碗清水。在黑暗中,我踮着脚尖走到祭坛前,把我带给奥姆德玛的礼物放在上面——那是三盏酥油灯,然后我祈愿女主人家永远兴旺,可以在灯里盛满酥油。在外面的院子里,我可以看到一棵开满了花的桃树的轮廓。奥姆德玛的家,让我回想起我童年在罗布岗的老家,那里也有桃树和苹果树,我们家的三代人住在一起,关系也很亲密。趁着凌晨的黑暗还没有消退,我静静地走到外面的厕所,只要第一缕光出现,全家都会起来。他们早起、干活和睡觉的钟点,全是根据太阳在天空运行的轨迹,因为塔克齐和达加纳内地的大多数村庄一样,还没有通电。奥姆德玛的两层房屋被松子的煤烟熏得黑黑的,那是家里取暖和照明的唯一能源。

2004年春天,我在不丹西南部的两个区达加纳和奇朗各村旅行了十天。这次我没有惊动地区官员,所以就不在帐篷里宿营,而是在村里的农家住宿,或者在星空下睡在睡袋里。我背着自己的行囊,按着自己的速度走,见谁和跟谁谈话完全没有计划,都是随机的。

在达加纳,和在其他偏远的农村地区一样,我了解到,村民们最迫切想要的就是电和离公路更近一些。在比较大的村子,住房密密地聚在一起,修路和通电都可行,比如我老家的村子罗布岗。但是在达加纳,没有大的村子,住房很分散,彼此距离相当远。国王已经提出了一个迁居计划,百姓可以搬到低海拔的规划聚居区,有所有现代化的便利设施,通往公路也很方便。但是在这里,和在偏远的克恒村一样,愿意接受这个计划的人不多——人们太眷恋自己祖先的土地和家园了。

一天早上,我们坐在巴龙村的一棵柏树下,那是村民通常开会的地方,我们详细讨论了这个问题。最后我想到一个解决方案——塔拉扬纳(度母)基金会向这些住家提供太阳能电池板和太阳能灯。在我一年后写下这段文字的时候,奥姆德玛家和我访问过的其他村子,晚上已经有灯了——女人们可以织布,孩子们可以学习,男人们做木工修

人民和地域 ❋ 着火的牛角和其他片段

[布姆塘]女人们穿过桃花盛开的田野去库杰寺祈祷。

农具，邻里们也可以串门了。给这些村子提供太阳能电池板，是塔拉扬纳(度母)基金会实施的最令人满意的项目之一。

每当我在村里入户访问时，人们都喜欢向我展示他们的宝贝——一件圣物，家传的首饰，或者他们手织的精美基拉。在巴龙村，冉玛雅抱出她的宝贝让我赞赏——她10岁的女儿普玛雅。普玛雅患有隐性脊柱裂，上身躯干是佝偻的，两腿缠在她妈妈的腰间。残疾孩子通常被藏起来不让客人见到，但是冉玛雅介绍自己女儿时自豪和爱慕的神情深深感动了我。普玛雅已经由塔拉扬纳(度母)基金会收养，我们希望手术和理疗将最终使她能够更加独立地生活。在达加纳的另一个村辛奇拉，我见到14岁的普尼玛雅，她的手像鸭掌一样是有蹼的。尽管有残疾，但是她显得很有精神，向我展示了她能够很好地写字和画画。她的聪慧和渴望学习也给我留下了深刻的印象。我们基金会目前资助她的教育和日常需要，我认为普玛雅在生活中将会走得很远。

我在达加纳的经历并不都是暖人心扉的。我去的人家，也有女人酗酒，对孩子不管不顾。虽然有设备良好的初级卫生站，离每个村子都很近便，但是我发现很多人生了病，根本不去那里看病。拉甲布县的一个头人多杰参加了我的一部分旅程，他带我穿过美丽的森林到了他们村。他的妻子当时已经病了两年，村里的先知让他相信，她的病是由他家里的邪祟引起的。于是多杰拆了他漂亮的老房子，现在正在他的稻田边上建一栋新的。他对妻子的钟情令我印象很深，但是这样没头没脑的破坏，浪费他辛辛苦苦挣来的钱，也令我沮丧。

我还了解到，学校和初级卫生站的位置，也引起了达加纳村子之间的不少纷争。比如，巴龙和邻村彭森岗的村民，对学校的位置应该定在哪里就不能达成共识。按不丹农村通常的惯例，邻村的孩子要由学校所在村的家庭管吃管住。但是这两个村子不能达成一致，于是采取了一种损人不利己的做法，把学校建在了没有人住的地方，这就意味着两个村的人都得在学校周围盖些小茅舍，一名家庭成员或家长和上学的孩子住在那里，做饭、照顾孩子。我注意到通萨区一些相邻的村子也有类似的争端。也许最好的方法是靠抽签或者抛掷硬币来决定学校和卫生站的位置吧。

当我结束在达加纳的旅行时，因为长时间行走在陡峭的岩石地上，我的脚上起了大水泡，全身都是肆虐在这个地区的沙蝇咬的包。（威廉·特纳上尉在梅里色莫第一次遭遇沙蝇时，也受到了这种可怕的小蝇子的叮咬。"极其可气极其讨厌"，他写道，"这是像梅里色莫

右：[廷布] 王后吉遵·佩玛在婚礼上盛装佩戴红珊瑚和天珠项链。

这样一个赏心悦目的地方的大遗憾，梅里色莫的自然景色是我所见过的最美景色之一。"）我在达加纳宗堡休息了一天，治疗水泡和被咬的包，然后驱车三小时到了奇朗区的首府丹普。这个城镇坐落在一座山岭的顶上，周围是乡村的美丽风景——接下来的四天我要徒步走过这片土地。

次日早上，当我开始上路时，空气中弥漫着柑橘花的芳香，因为奇朗河谷两侧都是星星点点的柑橘园。这里的土地肥沃，远不像达加纳那么陡峭多石，而且步行小道很宽，路况也很好。我们经过田园诗般的村子克桑尼甘和盆特曲，在一家古隆族人家停下来喝茶——那是一座干净得一尘不染的两层土房，那一天的行程，在丹玛雅家结束，村民们在她家进行了一场即兴表演。达加纳和奇朗都有大量的洛桑巴人，他们的老家原本在尼泊尔和印度的大吉岭山区，后来移民到了这里。他们是勤劳而有技艺的种田人，他们的田地和柑橘园管理得很漂亮。在丹玛雅家的那个晚上是一个开心的插曲，我们坐在她家的院子里，灯光柔和地照着亮，我们发现树上摘下来的柑橘味道无与伦比，我们还欣赏了洛桑巴人轻快的歌和富有韵律的舞蹈。

在下一个村子奇朗头，我见到了97岁的蓝玛雅拉伊，一个戒心很强而且仍然很活跃的妇人，深受全村人的爱戴和尊敬。在奇朗头学校的后面，我看到一个巨大碉堡的废墟，它庞大的石头外墙，弯曲的楼梯和堂皇的门道，都长满了草。村里没有人能告诉我有关它的任何事，也讲不出它为什么成了一片废墟，只知道它可以追溯到夏仲的时代，是17世纪中叶建的。在废墟旁边犁地的村民还捡到过硬币和天珠，但是立即又把它们放回原地，害怕不这样做会带来厄运。天珠是一种罕见的玛瑙，上面有叫做"眼"的圆形图案，是不丹人最看重的宝石，作为一种好运的吉兆与珊瑚珠串在一起。"眼"可能是天然形成的，也可能是由一种现在已经失传的技术蚀刻到玛瑙上的。天珠的价格正在以天文数字上涨，"眼"越多越贵重。看来在奇朗头的田地和森林里，埋有价值成百万努的珍宝呢。

接下来的两天里，我走过帕塔拉和色吉塘的村子和柑橘园。在色吉塘，我见到4岁的金力赞姆，一个眼神忧伤的孩子，她的妈妈已经死了，她的父亲回他远在萨克腾的老家去了。塔拉扬纳(度母)基金会每年给这小姑娘的外婆一笔生活费，给她买衣服和学校的书本。从这个村子，经过一天的艰苦跋涉，我到了布日曲的公路起点，我的车就等在那里。

这次旅行打开了我的眼界，让我看到住在这些田园诗般充满柑橘香的村子里的百姓面临的主要问题。因为交通不便，他们美丽的柑橘没有市场。他们告诉我——这是很悲哀的讽刺，把柑橘运到城里市场的费用，要比种植它们贵许多。我们基金会没有资金来修建他们需要的公路——无论如何，那是政府的责任——但是我们现在正在积极游说，让人们知道奇朗的柑橘种植者有这个需要，如果交通便利了，他们的生活将得到改善。

在我家经堂的祭坛上，有一块佛塔形状的石头，是通萨一个村子里的一位老太太给我的。她在一个河床里发现了它，便一直放在她自家的祭坛上，直到那天我走进她家。在它从喜马拉雅山到不丹心脏地带的一个村子的漫长旅途上，那块石头受到冰雪、岩石和水的反复冲击与雕琢，对我而言就是我这些旅程的象征。像佛塔里封存着珍宝一样，锁在这石头里的，是未来旅途的种子——雷龙之国还有那么多的珍宝有待发现呢！

飞抵不丹的航班上珠穆朗玛峰的壮丽景观

后 记

本书首次出版至今已有12年，更新版本发布至今也有6年了。我想在本书中涵盖我们生活中自2012年以来发生的重大事件。

2016年2月5日，我们怀着极大的幸福欢迎不丹王储吉格梅·纳姆耶尔·旺楚克的诞生。小王子快乐、强壮和聪明。虽然他年纪小，但已有着高度的责任感。我们的王储也被誉为"世界最萌王储"。因为他，我们对未来充满信心。

在第七章"我曾来过此地"，我写过关于转世的故事。我描述了自己的亲身经历，还有不丹第四位统治者第悉丹增·拉布杰的转世。第悉丹增·拉布杰的转世灵童现在24岁了，19岁时他就完成了佛教研究硕士学位，在66名学生中获得了第一名。他在教育和精神实践方面都表现出色。他将来会成为另外一位转世灵童的老师，那个转世灵童是我的孙子。

我的女儿，阿熙索朗·德庆于2013年6月23日生下了她第二个儿子，他是八世纪一位很著名的西藏译师，毗卢遮那的转世。小家伙在五个月的时候就开始做毗卢遮那的手印。他能说话时就用右手食指指着他自己的鼻子说："我是毗鲁遮那，我是毗鲁遮那，我是毗鲁遮那！"在他两岁生日之前，他坚持要成为一名僧人，甚至开始吟诵梵文经文。

在他两岁的时候，他在神圣普那卡宗堡由第70任（也是现任）不丹法王吉美·却达活佛杰堪布正式任命为中央僧团的僧人。当他三岁时，在去印度比哈尔邦中部的那烂陀（那烂陀目前已是废墟）朝圣

后记

上：第五世国王陛下，王后吉遵·佩玛陛下和王太后们。

下：王太后阿熙多杰·旺姆·旺楚克陛下，阿熙索朗·德庆·旺楚克公主殿下和吉杰·乌坚·旺楚克王子殿下。

毗卢遮那仁波切,西藏译师毗卢遮那的转世。

❋ 后记

时，他向大家展示了很多令人吃惊的神迹。他讲述了在他上一世时那烂陀在印度是一所多么伟大的大学，他变成了大家的导游，他讲述的内容让我们大部分人都留下了眼泪。在海得拉巴的龙树山也发生了同样的事情。即使在今天，神迹仍然继续。有一天，这些奇妙的故事都会被记录在一本书里。

2018年在不丹将举行第三次全国选举。民主作为不丹国王送给不丹人民的礼物已牢牢地在不丹扎根了。塔拉扬纳（度母）基金会在过去15年中为不丹农村人口提供服务，不仅在经济上给予了帮助，也让他们对美好的未来充满信心。塔拉扬纳基金会为服务的350个村庄建造了2000多所房子，基金会承诺再建3000多所房子。以前我需要花几天时间走路去的偏远村庄，现在大多数都拥有机动车道了。

不丹第四世国王和我都已经62岁了，我们身体健康，并感受到了生命的祝福。